LES DERNIERS MINISTRES DE LA RESTAURATION.

PAR

J. AIGNAN.

PARIS,

CHEZ HIVERT, LIBRAIRE,

QUAI DES AUGUSTINS, 55,

ET AU PALAIS-ROYAL.

1836.

Lorsque je terminais cette brochure, le Pouvoir se décidait à tourner ses regards vers le château de Ham, plutôt sollicité par les demandes des peuples, que par celles des prisonniers. Deux des derniers ministres de la Restauration sont sortis de ce fort; mais, toujours sous la verge inexorable de la loi, ils recevront en échange de nouvelles douleurs. S'ils vont porter leurs pas aux lieux où ils furent maîtres, leurs pas, appesantis par l'âge et la souffrance, ne pourront s'étendre au delà. Ainsi la justice des hommes poursuit lors même qu'elle paraît distribuer des faveurs.

1er novembre 1836

Je trace un tableau : c'est l'infortune des prisonniers de Ham. L'infortune de ceux qui naquirent dans la pourpre trouve ici naturellement sa place. Une première s'unit à une seconde. Nos désastres, ceux de l'étranger, viendront s'y mêler; tel est l'ordre que j'ai suivi. Je ne cite que ce qui afflige. Nos oreilles auraient-elles cessé d'entendre des plaintes et des gémissemens? et, à la place de la prospérité, les cris de la détresse ne s'élèvent-ils pas du milieu des nations? Ainsi comment sourire, comment assister à des fêtes? La joie est le partage d'un bien petit nombre ! Y a-t-il sous les yeux autre chose que des larmes?

LES
DERNIERS MINISTRES
DE
LA RESTAURATION.

CHAPITRE I.

Je garderais le silence si je m'adressais aux partis mais à Dieu ne plaise que je voie une affaire de parti dans une question qui touche de si près à l'humanité ! Des hommes sont écroués dans un fort depuis six ans : et parce qu'ils parurent avec éclat sous un pouvoir qui n'est plus, ne nous sera-t-il point donné de prononcer leur nom sans effroi ? L'effroi glace nos ames au souvenir de ces jours pénibles, de ces nuits sans sommeil; lorsque nous songeons à ce qu'ils furent, à ce qu'ils sont ; et si une loi les éloigne de nous, leurs souffrances les rapprochent : ils appartiennent à la grande famille du genre humain : aussi le prisonnier rencontre aujourd'hui un visage ami partout..... hormis sous quelques lambris dorés.

A d'autres des lambris dorés, à eux une prison, aux peuples des revers et ces événemens qui agitent l'Europe. — Pourquoi la royauté n'est-elle plus qu'une tente de passage que l'on plie et replie à volonté ? Pourquoi ce travail au sein des nations ? — La force est désormais le droit. — Pourquoi la Belgique séparée de la France, plus par ses intérêts que par des frontières ? Pourquoi cette noble lutte de Charles V, Pourquoi ces déchiremens de l'Espagne. — Depuis six ans la France leur est devenue étrangère. — — Pourquoi ces plaintes et ces alarmes ? — Pourquoi des échafauds ? — Des vagues ont soulevé le sol. — Pourquoi la prison de Ham ? — Retenus dans un étroit cachot les derniers ministres de la Restauration expient son départ. — Un exil expliquera tout.

II

Les nobles détenus languissent; ils ignorent si jamais ils sortiront de leur prison : cependant ils ont éprouvé le besoin de se justifier devant leur siècle ; car il est dur d'être accusé par un grand peuple. Une telle tache ne pesera point sur leur mémoire. Ils tenaient trop à l'estime des hommes pour se taire : d'ailleurs les haines s'étaient calmées ; des jours mauvais avaient été effacés par des jours plus mauvais encore. Leur captivité trouvait des regrets...

Appelés au pouvoir, ils obéirent : c'était un pénible devoir qu'ils allaient remplir. Le péril se présentait à eux : leurs yeux l'avaient mesuré, et ceux qu'aucun motif d'intérêt ne fit mouvoir, qu'aucune haine ne sollicita, durent tenter de sauver la monarchie, ou s'ensevelir sous ses débris. Ils étaient dévoués à l'ordre existant : ils ne le furent pas moins au pays, et jamais ils ne cherchèrent à consolider un trône sur des ruines. Ils voulurent un peuple libre, mais d'une liberté qui n'est point la licence. Un règne fort, mais sur l'ennemi. Le dessein fut noble, et ils espérèrent l'appui des citoyens, de leurs volontés plutôt que des armes.

Mais lorsque les ordonnances parurent, les nuances des opinions diverses s'effacèrent. L'on oublia et les concessions de l'infortuné Louis XVI, la Charte de Louis XVIII, les priviléges que Charles X avait accordés à la nation. Toute institution fut menacée, depuis la majesté du trône jusqu'à la religion de vingt-huit millions de Français : la base sociale dépourvue d'appui se montrait chancelante.

Cependant en présence de si grands intérêts, ils redoutaient encore. Il est si aisé de dénaturer la pensée de l'homme, de rendre odieuses les intentions les plus pures. Il fallut céder. Les événemens entraînèrent. Le cœur ne dévia plus dans ses désirs; la volonté ne fléchit point. Ils s'avancèrent au milieu des partis et des haines que l'on soulevait autour d'eux.

Aussi la France se trouva dans un état de malaise et d'inquiétude difficile à décrire; parce qu'elle cessa de se fier à la parole royale. Elle crut entrevoir des pensées tyranniques et d'avilissement, et elle murmura. Sa gloire était en sûreté! L'on ne voulait ni esclavage, ni tyrannnie, ni licence; l'avilissement est aussi contraire aux états que pernicieux à l'homme. La censure abolie faisait présager d'assez beaux priviléges, qui tous avaient été confiés à la conscience de chacun. Mais comme il est dans la nature que les meilleures choses se vicient, la liberté qu'une bouche humaine ne devait prononcer qu'avec respect fut dépravée; et sous ce nom se produisit le désordre. Ce fut alors que, pour préserver nos institutions et sauver la France de tant d'orages, nous vîmes se déployer dans toute son étendue le pouvoir des rois.

Quel cœur ne serait déchiré au souvenir de tant d'événemens? l'activité de l'homme lui permettrait-elle de rester étranger à ces débats? Pour nous, loin des préjugés du pouvoir et de l'opinion, loin de la scène politique, lorsque nous portons nos regards vers ce qui fut, nous accordons des regrets à tant de prospérités. A la vue de ces luttes, de ces fureurs intestines, combien, nous disons-nous, fut maudit celui qui le premier essaya d'un tel scandale au milieu de la société? du moins ignorait-il qu'une multitude de cadavres comblerait l'abîme. Le fer s'apprête : il faut frapper ou être frappé : aussi que de sang versé! le pouvoir avili, l'arbitraire, le despotisme, des institutions étranges, l'invasion étrangère, tel est le spectacle qui s'offre. Une révolution s'est opérée : qui maintenant viendra diriger sa marche, imposer un frein aux passions, et les forcer de s'arrêter devant la justice?

Pour moi, je remarque dans tout changement un fait, un nouvel ordre d'idées, qui retarde plutôt qu'il n'avance les progrès de l'esprit humain; réaction sociale sur tout ce qui fut, vrai ou faux. Le changement naturalise le changement dans un pays : il inspire de la défiance, rend le pouvoir odieux, et de là ces efforts des nobles détenus pour arracher la funeste semence confiée au sol. Du jour où le pouvoir leur fut remis, ils durent songer que leur vie était acquise au service de la nation et du prince; les droits de l'un, les institutions de l'autre ayant été déposés entre leurs mains, il leur fallut y veiller, comme sait veiller l'homme d'honneur. Alors c'était pour le bien-être de la France que leur sommeil se trouvait parfois interrompu, et si les rêves du prisonnier, ses douleurs cuisantes, la dure solitude, venaient les tourmenter, c'étaient sur des maux étrangers; car si au fond du cœur ne s'efface jamais l'espérance, si elle vit et meurt seulement avec nous, il s'y mêle aussi quelque chose qui tient de la crainte. Qu'est-il ce vague inexplicable, qui voltige également au dessus du palais et de la pauvre chaumière ? Ils ont vécu dans l'opulence, ils ont vu tendre auprès d'eux une main défaillante par l'âge et la misère, et aujourd'hui ce vieillard n'envie plus les richesses de celui qui fut l'ami des rois. L'insomnie les poursuivit; elle les poursuit encore. Ils souffrent parce que leurs yeux ne verront plus bientôt; que tous les maux qu'amènent l'âge se sont appesantis sur eux : aussi à leur souvenir l'homme ne peut refuser une juste admiration. Saurait-il croire qu'ils ont été l'ennemi de leur pays; qu'il fût en eux d'étouffer la pensée, de réveiller l'oppression, lorsqu'ils élevaient si haut sa gloire ? S'ils étaient coupables, ils ne conserveraient point le triste courage de se faire absoudre d'un peuple qu'ils auraient ainsi méprisé. Aux douleurs qu'ils endurent, ils leur serait bien dur d'ajouter encore ces reproches sévères, ces grandes douleurs morales; mais loin de là, ils laissent le silence et la honte à ceux qui ne rougissent d'aucune vertu trahie : ces hommes dont l'intérêt est l'unique mobile, trouveront peut-être un jour dans le pinceau de l'histoire et ses vives couleurs, d'inexorables remords; aussi le désir des prisonniers ne s'égare point sur un tel bonheur. A ce prix, ils refuseraient de voir se réaliser la fortune passée; ils redemanderaient et leurs verrous et leur cachot.

III

Les ordonnances étaient portées : c'était l'heure où la France allait perdre l'une de ses vieilles gloires et ses anciennes institutions, car un nouvel âge a commencé dès 1830, et l'avenir dira à quel point un tel changement a influé sur nous et l'étranger. Cependant lorsque les cris des mourans et des blessés parvinrent à nous dans les provinces, nous n'éprouvâmes d'abord aucune crainte, nous donnâmes des larmes aux victimes, sans nous inquiéter sur l'avenir. L'on soulève difficilement un peuple dont les richesses croissantes du commerce rassurent l'industrie : cet état inconnu vers lequel se trouve entraîné un peuple à la suite d'une révolution, est encore une sauve-garde du pouvoir; toutes ces pensées en nourrissant l'illusion ne servaient qu'à nous rendre le dénouement plus terrible.

La lutte s'était engagée, et après le combat, le vainqueur fit un crime au vaincu de la résistance. Eût-il désiré que pieds et mains liés, il se fût livré lui-même? L'opinion publique, l'honneur lui fit un devoir de marcher; et pour combien fallait-il compter encore le cri de la conscience? Si les temps furent difficiles, s'il fallait du courage et une volonté ferme pour s'élever au dessus des passions humaines, qui arrachaient le concours des volontés populaires, était-ce le moment de montrer au prince que toute fidélité s'était retirée de lui? Seraient-ils coupables pour avoir tenté de remplir leur mandat?

Le succès ne répondit point à leurs vœux, parce que leur nom alarmait les citoyens, la presse ayant calomnié; aussi expie-t-elle déjà ses funestes abus. Dès lors elle dut se réjouir de son triomphe; mais il était facile de lui prédire des revers peu éloignés. L'oppression et le remords suivent de près la licence.

IV

Vous souvient-il de ces jours où tout pouvoir cessa dans la nation, où elle fut livrée à l'anarchie comme une proie facile à dévorer? Un grand exemple fut donné, exemple inouï dans l'histoire; mais ceux qui répandaient l'or au milieu de ces infortunés, ceux qui fermaient les ateliers à l'industrie, savaient-ils que la haine et la vengeance que leurs soins avaient alimentées, ne causeraient point un vaste incendie? le savons-nous encore? Le volcan a-t-il commencé de gronder, les cités sont dans l'épouvante.

Si l'argent qui fut distribué eût servi à soulager la misère, les provinces s'inscriraient au plus tôt pour applaudir à un si noble dessein. Jamais le pauvre leur trouva-t-il des entrailles de fer? La porte du riche y est-elle interdite à l'indigence? Si maintenant les ateliers se ferment, si une multitude d'ouvriers manquent de pain, qui osera se charger d'une si grave responsabilité? Ils n'ont pas craint d'avouer cette opposition, de reconnaître ce crime envers la légalité d'alors, qu'ils se chargent donc du sang qui fut versé; qu'ils cessent d'insulter à l'infortune en lui montrant des cadavres : l'image de ce sang, de ces cadavres ne s'élève point dans son cachot....

V.

Dès l'instant que Charles X arriva au trône, les esprits osèrent concevoir de bien douces espérances pour la liberté. Combien l'on applaudit à ce jour qui vit la censure abolie, la presse dégagée de ses entraves ! et ce triomphe fut dû à un prince que la presse signala depuis comme l'ennemi de nos institutions. Il estima la raison grandie et assez forte pour lutter contre la licence ; il le crut parce qu'au fond de son cœur se trouvait l'amour de la patrie. Sous son règne, la Grèce fut appelée à jouir de ses droits, le commerce rendu florissant, l'île des pirates devint une colonie française, et ce prince serait encore un des grands monarques de l'époque si la presse n'eût été libre.

Charles X ne se trompait point, lorsqu'il estimait la raison essentiellement amie de ses rois et de l'ordre. Son sol avait été trop long-temps agité pour que chacun ne chérît le bienfait de la paix. Tant de despotisme avait effrayé l'homme, qu'il n'en soupçonnait point au-delà, et la censure était abolie !

Au milieu de cette paix et de cette harmonie l'on sema des paroles de haine. La paix régnait ; mais ces grandes passions qui avaient embrasé l'Europe vivaient encore. Il n'était besoin pour leur rendre l'énergie passée, que de leur rappeler de vieux souvenirs. Peu à peu cessa un vieux respect qui protégeait le trône. L'on signala bientôt des idées, des mœurs nouvelles, et un peuple inconnu aux lieux où fut la nation française. Ainsi la presse qui s'était chargée de la mission de hâter l'esprit humain, l'entraîna à un effrayant abîme.

VI.

Je suis éloigné, sans doute, de blâmer celui qui chercherait à éclairer le pays sur des demandes astucieuses. Une certaine pudeur, le remords de violer le droit à la face du soleil, ramèneraient peut-être à la voie de justice; mais cette possession devient terrible confiée à des cœurs hostiles. Là peut se rencontrer aussi la trahison; et j'avoue qu'il est difficile de comprendre qu'elle soit possible au pouvoir, chez un peuple parvenu à une grande civilisation. Le fonds de l'homme est dévoilé, ses intentions même présumées; il est donc forcément vertueux. Aussi combien j'estimerais à plaindre une nation dont les vices des grands se riraient de l'opinion publique!

Pour nous, lorsqu'ils furent traduits à la barre, nous vîmes redoubler la surprise : ils avaient, disait-on, trahi la royauté, et au nom de la royauté exilée, l'on venait demander contre eux des châtimens.

L'on peut, à force de déclamations, soulever quelque temps les passions; mais il est naturel que cet état ne puisse durer : aussi justice est rendue, peut-être un peu tard; mais enfin est-elle rendue. C'est du moins une consolation que l'on ne saurait arracher à l'honnête homme qui meurt; ce bien leur reste, l'espérance est dans leurs ames..

VII

S'ils avaient pu douter jusqu'au 29 juillet de l'imminence du péril, alors ils n'entrevirent plus dans l'avenir qu'une effrayante révolution. Des hommes que la France connaît se revêtirent d'un caractère public, car il y eut toujours quelque chose de sacré sur le front de celui qui se dévoue! Combien ceux qui aujourd'hui sont prisonniers partagèrent leurs pensées; combien ils auraient voulu en se dépouillant eux-mêmes de leurs fonctions sauver la France et la royauté!

Un esprit attentif ne saurait s'y tromper; lorsque le pouvoir se retire, et il était en France représenté par la royauté, les espérances et la prospérité s'en vont avec lui. L'on pourra, si l'on veut, changer aussitôt la forme de l'état, placer un autre nom sur le trône; l'anarchie se trouvera bannie, mais la confiance qui n'a pu arrêter sur le penchant de la ruine une vieille monarchie, viendra-t-elle accueillir la nouvelle?

Cependant les événemens se hâtaient, et il était facile d'en apprécier toute l'étendue. Les désirs précipitaient les heures trop lentes, et ils craignaient en même temps leur rapidité. Le présent accablait, et la crainte de l'avenir tourmentait par son incertitude. Ainsi partout se présentait la terreur, nulle part l'espérance. Qu'importe, ceux qui étaient au pouvoir, devaient baisser la tête et rester à leur poste. Ils y restèrent, l'instant du péril était arrivé pour eux; ils savaient mourir.

VIII

De quel poids accablant ils auraient été délivrés, si en exprimant à leur prince l'hommage d'une inviolable fidélité, ils eussent fait agréer à leur place un loyal sujet; car la calomnie justifiait à leur égard toute défiance, celle même de leurs amis semblait légitime. Du fond de l'exil une voix peut dire si leur pensée fut dévouée au bien; mais la France qui ne les comprit point pourra-t-elle jamais le dire?

Au milieu de ce chaos des partis, le temps se consuma, les idées se confondirent, et la journée du 30 juillet vit Paris encombré de mourans, et dans ce deuil général la France déclarée sans pouvoir.

A ce moment, il ne fut plus permis de songer aux reproches que leur adressaient leurs ennemis; simples particuliers, privés de l'infortune qui les environne, ils attiraient moins les regards dans ce désastre. Tant de malheurs environnaient et l'état et les Bourbons! Alors où se trouvait l'état? dans le peuple; et le peuple? dans les rues, sur ce champ de bataille où la vue du sang l'irritait encore. Devait-il sortir de là quelque espérance de salut. Ce vieillard frappé de si nombreuses révolutions, ce jeune enfant exempt de crainte par son âge, sont-ils à l'abri de l'insulte? Si les égards dus au malheur se rencontrent chez un peuple poli, à leur tour les passions aigries le dénaturent, et il se distinguera, peut-être, non moins par ses fureurs, qu'il se fit connaître par son urbanité. Que deviendraient aussi les proches, les amis de ceux qui étaient déchus, condamnés, comme ils le craignaient à partager leur fortune?

Pour eux, en proie à ces déchirantes pensées, ils se voyaient réduits à éviter l'œil même d'un Français. Ils fuyaient, proscrits du sol de la patrie; ils y habitaient peu auparavant un riche palais; ils jouissaient de la faveur du prince, et alors se retirant d'auprès des leurs, pour la première fois ils étaient déchirés de ne pouvoir abandonner ce ciel, cette terre connue : ils étaient retenus prisonniers.

IX.

L'accusation était portée, toute bouche les avait condamnés; ils allaient paraître au tribunal de la nation seuls avec le crime d'avoir été appelés aux honneurs. C'est un crime bien souvent, et au jour du malheur l'on doit répondre de la fortune passée : toute la vie tombe sous le domaine de l'opinion publique; alors l'on se trouve justiciable des faveurs reçues, des bienfaits accordés : la gloire, les honneurs, tout rend l'homme coupable.

Qui n'applaudirait à l'existence de ce tribunal la plus forte garantie des institutions des peuples? De leur côté, les accusés se réjouissent à la vue de la publicité donnée à ces débats, leurs actes montrés aux regards de la France dissiperont peut-être quelques nuages : la postérité du moins vengera le prisonnier.

A la suite de ces tristes événemens qui avaient compromis la fortune publique, un des pouvoirs de l'état se porta pour accusateur ; il voulait que la vérité se montrât aux yeux de chacun. Le coupable considère cette perspective en frémissant : le voilà sujet à son tour de la justice du pays, il a souri aux larmes des malheureux; le cœur de l'homme s'endurcit, dit-on, par la prospérité, et à sa chute, il est réduit à envier le sort de celui qui est sous le chaume. Pour les ministres prisonniers, ils n'ont plus rien à envier, plus de justice à rendre : ils attendront du temps ce qu'ils n'ont pu obtenir ; car enfin ils peuvent attendre. Qu'importe après tout, un jour plus tôt ou plus tard; la vie, c'est l'avenir, et celui qui souffre porte toujours, comme par instinct, ses regards vers ce qui doit être : là seulement il rencontre parfois la justice.

Ils avaient lieu de l'espérer après cette belle défense qui couvrit de gloire ses auteurs. Elle fut remarquable moins encore par sa vive et brillante éloquence, que par l'accent de vérité persuasive. La France entendit la voix de l'orateur, et sa parole restera à sa mémoire : elle s'étonnera du 20 décembre, lorsque les infortunes des prisonniers de Ham auront grandi au-delà de sa haine. « Car le Français ne connaît d'ennemi que sur le champ de bataille *. » Alors elle se souviendra que des ministres parurent à la barre comme coupables envers la nation; qu'ils vinrent lui rendre compte de leurs pensées et de leurs actes; et qu'ils languissent, sur le sol même de la France, dans un cachot... Pour eux, après six ans de tortures, il est encore des bastilles et des forts.

Mais je m'aperçois que j'anticipe sur les événemens : alors sans doute leurs pas n'étaient plus libres. Détenus ils espéraient du moins encore : le sceau de la loi n'avait pas été apposé sur eux. Je parle de prison, parce que le poids de leur existence réelle entraîne, et que la pensée ne peut se reporter loin de ces murs.

* Paroles de M. le prince de Polignac.

X

Arrivés au Luxembourg, ils se réjouirent de voir dans son enceinte ce qu'il y avait en France de plus distingué dans la magistrature et le barreau : au milieu de l'uniforme national se faisaient remarquer des dames en grand nombre. Bel image des grâces et de la pitié, elles assistent à nos jugemens sévères, lorsqu'il s'agit d'infortunes, pour modérer la rigueur des lois, et même quelquefois pour diriger la justice.

Cependant si les prisonniers espérèrent, ils durent bientôt concevoir de tristes pressentimens. Combien ils remarquaient autour d'eux de siéges déserts, ou remplis par leurs ennemis! des juges leur étaient imposés, pensaient-ils, dont la bonne foi se trouvait subjuguée, la pensée arrêtée, et aux yeux desquels une condamnation serait un manifeste éclatant contre le passé. Mais ils avaient besoin de l'estime du pays dont rien ne peut dédommager, ni palais, ni trône : aussi ne récusèrent-ils point la juridiction de ce tribunal : leur voix d'ailleurs se fût perdue dans le tumulte.

Ainsi passaient rapidement leurs pensées : mais le souvenir que leur cause allait être présentée à des Français, fit taire d'importunes douleurs, jusqu'à l'instant de l'interrogatoire. Alors vives et cruelles, elles vinrent les saisir de nouveau, lorsque le président: « Accusé, leur dit-il, quel est votre nom? » Leur nom! quel Français l'ignorait? Rendu odieux, il se trouvait dans toutes les bouches, triste objet de haine ou de fureur. Ce fut à cet instant que s'entendirent dans le sanctuaire de la justice des paroles qui se gravèrent bien avant dans leurs esprits.

XI

Le malfaiteur rencontre quelquefois de la pitié : la nature humaine qu'il a dégradée le plaint de son délire : et ceux dont les pas étaient naguère assiégés, ne rencontraient plus que des visages accusateurs. L'on éprouve alors combien sont pesantes les heures de la prospérité. Que la malignité est féconde en ruses criminelles ! L'on se voit interpellé sur d'augustes volontés que le devoir impose de taire : rien de ce qui fut cher n'est épargné. Trop heureux les accusés si la délicatesse préside aux débats !

A cet instant solennel fut exprimé un souhait bien digne de la nation *. Les prévenus auraient désiré rencontrer autour de ces anciens pairs qui furent leurs amis, tout l'ensemble des masses. Avec quelle confiance ils se seraient présentés à l'assemblée de l'imposante population? Aveuglée par de mensongères paroles, elle fut égarée : mais combien se montra-t-elle grande encore au milieu de ses erreurs ! la voix des accusés, accueillie d'abord avec prévention, avec des murmures peut-être, eût entraîné : le peuple eût compris que leurs vœux étaient pour la prospérité : il eût cessé de maudire. Là, ils auraient paru avec moins de défiances, parce que dans ces classes dont les passions sont puissantes, l'amour de la vérité est immense.

* Et de M. de Polignac.

Mais loin de là : leur destinée était remise en des mains étrangères. Renouvelée en quelques jours, il ne restait de la pairie que son vieux nom. Aussi, retirés des débris d'une monarchie, transférés dans une prison, ils se virent privés de l'appui de leurs juges naturels. Etait-ce folie d'espérer alors que cette main, terrible sur le champ de bataille, panserait elle-même la large blessure qu'elle venait d'ouvrir? Je ne sais; mais lorsqu'ils parurent environnés d'armes et de soldats, qu'au dehors s'entendaient des cris sinistres, aux tristes jouissances de l'exil, n'opposaient-ils point le plaisir de voir pour la dernière fois peut-être une image des assemblées de notre vieille France. Les clameurs se taisent, le ciel de la patrie est sur nos têtes, son sol est sous nos pieds.

XII

Nos yeux étaient loin de reconnaître, à la vue des pairs, ces comtes, ces fiers barons qui limitaient la puissance des rois. Chargés des dépouilles de l'ennemi sur les champs de bataille ils méritaient les honneurs : de nos jours ils tendent la main et les reçoivent. Toutefois, lorsque les partis l'eurent emporté, un grand acte leur fut confié. C'était en quelque sorte le jugement de l'ancienne monarchie et de ceux qui la conduisirent à l'abîme. La force avait triomphé ; mais la force s'use avec les passions humaines. Aussi l'on chercha à la légaliser et à lui donner pour appui les convictions morales. Quel beau sujet pour l'orateur ! Quelle assemblée ! Là pourra se comprendre tout ce que l'éloquence a de grand et de sublime, et le sentiment de délicat. Quelle vicissitude ! quel changement de fortune en peu de jours ! et à la vue de ce prince, amené captif dans ce donjon de Vincennes où il avait passé les plus belles années de sa vie, quel homme ne déposerait ses animosités ? Sous le poids de la justice du pays et de la défaite, il se retrouve à ce point d'où il partit, à la captivité, à ce donjon. Mais alors son ennemi savait accorder des jours de gloire à la nation : c'était le despotisme paré de ce que l'illusion peut accorder de brillant.

Cependant l'avenir ne découvre aux regards de tous que la gloire des orateurs. Juges, accusateurs, accusés, étaient entraînés par une vive et brillante allocution, par de rapides mouvemens.

Si des ministres parurent comme prévenus, si des souvenirs pénibles se représentèrent, combien d'un autre côté l'infortune les grandit. Pour eux l'éloquence s'élevait à ce haut point de gloire! lorsqu'ils entendaient le frémissement de la multitude, distraits de leur avenir, ils songeaient à la puissance de la parole de l'homme qui communique sa pensée. A ces mots de l'orateur la sensation redoubla : « Depuis quelques
« mois nos places n'ont pas été assiégées par le spec-
« tacle des échafauds. Ce ne sera pas vous qui mettrez
« en mouvement la hache du bourreau pour un crime
« politique, pour faire périr un homme que défend à
« peine une faible voix. Le coup que vous frapperiez
« ouvrirait un abime, et ces quatre têtes ne le com-
« bleraient pas. »

Alors nos pensées ne songeaient point à une si rude captivité de plusieurs années; et à leur attitude noble dans le cachot, l'on apercevait ces quelques têtes séparées du trône, l'on entrevoyait aussi l'abîme : et incertains si de nouveaux désastres ne suivraient point les premiers, la douleur nous consumait sur les maux de la patrie.

XIII

Je cite M. de Martignac, qui n'est plus, et qui prêtait alors le secours de sa voix à un accusé obligé de défendre sa vie et sa mémoire. Ce que nous possédons de lui ajoute encore aux regrets du pays qu'il représenta. Maintenant, sous un peu de terre, ses cendres reposent. Au milieu de ces pompeux monumens élevés dans ce temple de la mort, le voyageur passe; il vient s'arrêter devant une tombe modeste dans le cimetière du Père Lachaise. Il songe que dans cet espace étroit, est renfermé celui qui fut un de nos orateurs. Toutes les fois que nous reportons la pensée vers ce passé, que l'illusion nous ramène au Luxembourg, à cette enceinte brillante, un nuage funèbre se répand autour de nos regards. Ceux que protégea une voix si généreuse vivent encore : le fort de Ham les retient, il est vrai, prisonniers; la douleur dévore leur existence; mais peut-être que leurs yeux verront des jours plus heureux; et leur défenseur, M. de Martignac, n'est plus! Lui était-il donné de croire que ces vies menacées alors seraient condamnées à déplorer une si grande perte? Il le savait; car l'homme n'est pas insensible à ce travail qui consume ses forces. Il ne se dévoua que parce qu' « il « y a dans la voix de l'accusé quelque chose d'impé- « rieux qui subjugue et entraîne. [*] » Aurions-nous pensé que cette défense serait le monument de sa vie, lorsqu'au milieu des félicitations et des applaudissemens, des larmes d'attendrissement coulaient sans doute des yeux des accusés; eux-mêmes paraissaient avoir oublié que leur danger personnel servait à la gloire de l'orateur, tant il se trouve de misères réunies dans la condition humaine! Les pleurs et la gloire se rencontrent : un seul instant d'intervalle les sépare.

[*] Paroles de M. de Martignac

XIV

Quelque temps s'écoula, et bientôt ceux qui furent puissans apprirent ce à quoi ils étaient condamnés. Transférés d'une prison dans une autre, du château de Vincennes au fort de Ham, leur vie devait s'écouler dans le dégoût et la douleur. Pour la dernière fois peut-être ils jouissaient de voir tant de Français réunis! ils en sont repoussés; n'importe : enfans de la même patrie, ils ne savent maudire. Dès lors qu'ils n'ignorent plus qu'une prison doit être leur demeure, tout citoyen leur semble ami, ceux mêmes qui les poursuivent. Qu'ils entendent encore ces voix nombreuses de la patrie, cette langue de leurs aïeux! vous ignorez tout ce qu'il a là de ravissant! Puisse-t-il ce plaisir vous être toujours inconnu! Ainsi la Providence accorde à l'infortune un bonheur que ne soupçonnent point les heureux; rapides plaisirs qui suivent les instans de notre passagère destinée.

Les débats étaient donc terminés, et la légitimité venait de subir sa dernière défaite. Alors ceux qui furent ses derniers ministres allaient porter le poids d'une si grande chute; car le temps qui adoucit tout n'avait pu calmer les regrets. Le sang des citoyens, les monumens mutilés avaient invoqué la vengeance, et cinq mois après elle n'était point déposée. Le glaive ne se promenait point, il est vrai, nu et sanglant; mais la loi, lorsqu'elle occupe sa place, exerce un plus cruel empire; si elle ne tue point sa victime, elle la flétrit : et quelle mort plus dure que l'opprobre? et cependant il faut lutter contre la douleur. De ce banc des accusés d'où ils entendent des cris de fureur et l'odieuse calomnie d'incendies et de meurtres, ils aperçoivent la place qu'ils avaient occupée; et désormais, sous les coups de la loi, ils ne sont plus que les affidés de sociétés occultes, qui inspiraient des pensées de destruction à un prince religieux. Ainsi, au XIXme siècle l'on essaie de nous persuader que les croyances conservatrices allaient être étouffées au pied de la croix, où devait se consommer l'holocauste de nos libertés et des brillantes destinées françaises.

XV

D'accusés qu'ils étaient il y avait quelques heures, ils sortaient du Luxembourg coupables des malheurs qui pesaient sur la patrie. Les esprits étaient à ce point exaspérés, qu'il était besoin de la force pour protéger leur départ. On leur conservait un reste de vie qu'ils allaient traîner au fort de Ham. Ils sortirent ainsi de Paris déguisant la douleur qui les déchirait : il n'est pas bon que l'homme verse des larmes en présence de son ennemi, pour ajouter à sa joie insultante. Ce poids qui les accablait, ce n'était point le remords du criminel; mais ces désastres, ces morts, ces blessés, la France plongée dans le malaise ; tous ces souvenirs les tourmentaient violemment : et ils s'avançaient au milieu des provinces trop lentement au gré de leurs désirs. Lorsque dans le malheur les devoirs ne sont point des prévenances délicates, ils pèsent à l'égal de la haine.

Aussi combien leur paraissait-il éloigné ce temps qui les séparait de leur cachot! Ils allaient être ensevelis vivans comme dans un tombeau! le monde ne saura donc plus rien d'eux! Gardez-vous de croire que cette pensée attriste l'homme qui songe à nos joies et à nos douleurs. Funeste célébrité où ils sont parvenus! mais ils ne porteront plus les regards vers ceux qui leur furent chers! ils ne pourront plus que se tourner de loin vers la demeure de leurs pères! le prisonnier ne connaîtra désormais d'autre séjour que sa prison. Là, du moins, il cessera de voir des visages accusateurs.

XVI.

Ils l'espèrent! les haines se calment : et la voix qui la veille applaudissait à une chute, répand sur elle des larmes le jour suivant. Peut-être on les rappellera au milieu des hommes ; alors il leur sera doux de revenir dans la société, s'il leur est donné de la revoir.

Ils traversent le sol de la patrie ; et pourtant aucune parole amie n'arrive jusqu'à eux. Oh combien l'isolement était pénible ! Ceux mêmes qui recherchaient leurs fêtes les repoussent : pauvres lépreux dont la vue fait mal !

Celui que la tempête a jeté sur des côtes inhabitées trouve des regrets ; d'agréables souvenirs le suivent, et si jamais il revient à son épouse et à ses enfans, que de plaisirs se partageront son ame ! Mais pour ces ministres condamnés, sous le ciel qui les vit naître, ils rencontrent l'isolement : isolement de pensées et d'affections, isolement de tout ce qui respire. Retrouveront-ils jamais les douceurs de la patrie ? Là du moins, en attendant dans cette prison, la solitude sera moins cruelle, ils ne maudiront point tant de rigueurs : la malédiction qui partirait de leurs ames leur serait encore à charge. Pourquoi ajouter soi-même à ses propres souffrances ? le temps et les hommes n'y manqueront jamais.

Ils sont là, derrière les murs du fort : leurs pas et leur liberté sont confiés aux armes du soldat. La fureur du moins s'est arrêtée sur le seuil de ce cachot ; les murmures ne les y ont point suivis ; si l'écho leur en redit quelque chose, l'écho s'affaiblit peu à peu : de la société au prisonnier il y a de la distance.

XVII.

Le temps passe, l'événement du lendemain efface celui de la veille : les clameurs s'affaiblissent, et maintenant ils reviennent aux hommes. A eux seuls il appartient de franchir la distance. Qui de nous consentirait à habiter avec ces grandeurs déchues? leur pensée les ramène donc à nous, non pour assister à nos fêtes et à nos plaisirs : leur image importune les troublerait : ils ne sont plus que des prisonniers!

Aussi qu'importe aux autres leur vie? Ecroués derrière ce fort, ils ne viennent réveiller aucun remords; mais à eux il appartient que leur honneur soit vengé. Il le sera; le temps s'est chargé de montrer les hommes ce qu'ils sont.

Tous ont paru ce qu'ils étaient. Pour les vaincus on les voit qui attendent, ou que les mains qui préparent les chaînes viennent les river, ou que la nature les dégage de cette portion de souffrances qu'elle leur a départies. Alors ils seront tous affranchis : le pouvoir du soin inquiétant de leur continuer des geôliers, eux qui furent Français, de n'avoir éprouvé depuis six ans que dégoût, ennuis et tortures sur la terre de France. Du moins les tristes murs du fort ne rediront d'eux aucune parole indigne.

Ainsi se prolonge leur captivité. L'on ignore donc qu'elle impose à l'ambition le devoir de réussir; il faut périr ou vaincre; et périr, est-ce autre chose que d'habiter dans de tels lieux sans espérance? Il faudra réussir par le crime, peut-être; mais entre le crime et une éternelle prison le choix n'est point douteux, car il est des hommes qui ne sauraient reculer. Ils s'excitent : marchons, disent-ils. Ils foulent des cadavres, leurs mains sont rougies de sang et la victoire les absout. Ainsi le crime se multiplie parce que la politique est parfois cruelle; qu'il est dur de n'attendre des hommes que des tortures et le repos de la tombe. Les prisonniers l'espèrent : déjà la vieillesse a amenés sur eux de cruelles infirmités. Qu'à leur dernière heure, sous le ciel de la patrie, ils puissent dire :

> La terre sera plus légère
> A nos mânes abandonnés*.

* Gresset.

XVIII.

Cependant combien est ingénieux le prisonnier à ajouter à ses tourmens! il se tourne et se retourne dans une éternelle douleur. Cette porte qui s'est ouverte à ses pas s'est donc refermée pour toujours! Oh! pourquoi, se dit-il, cet avenir de souffrances est-il donné à la pensée? Ses prévoyances, son génie même usent ses forces; c'est le ver rongeur qui a pénétré au cœur du chêne.

Toutefois que de plaisirs viennent à la suite de la pensée! elle consume l'homme, mais elle ajoute à ses jouissances. Il meurt, mais auparavant il a senti la vie circuler dans ses veines et son ame.

Le prisonnier vit; se réjouira-t-il? J'y consens, s'il parcourt quelques heures seulement la voie du bonheur. Des jours ingrats ne lui produisent-ils que de l'amertume? il ne murmure point; il baisse la tête, et il prie que la souffrance soit à lui seul.

Si le regard n'est plus borné à ces murs, s'il plonge dans un horizon plus vaste, il s'arrête étonné. Toutes les douleurs ne sont point réunies dans ces cachots; ces tortures, ces déchiremens qui suivent les coupables, s'agitent loin d'eux. Ils ont gémi, mais sur des maux indépendans de leur volonté; leur volonté ne conduisit point ces événemens, qui ont accompagné une si grande chute. La fin du dernier des Condé, la mort d'une nation héroïque, le sang de l'Espagne qui jaillit sur nos frontières, telle fut en quelque sorte la pompe funèbre de la monarchie en deuil.

XIX.

Pourquoi passer ainsi à l'étranger? S'il était encore donné d'oublier! mais au dedans les fureurs des partis, les haines des provinces livrées à l'arbitraire; une guerre onéreuse, un traité honteux, abaissent les ames françaises : elles voudraient les effacer de leur souvenir et de celui de l'histoire.

Après avoir promené sur toute l'Europe sa gloire et ses trophées, et avoir pris naguère Alger, la France, brisant son épée elle-même, s'humilie jusqu'à guerroyer par ses espions. Le poids de son glaive fut pesant dans la balance, et elle a consenti à entendre le dernier cri de la Pologne qu'elle souleva et qui lui demandait quelques uns de ses braves. La France reconnaît la nationalité de la Belgique, et elle lui refuse un roi; l'Espagne repousse l'étranger, et elle lui jette des armes et des soldats, et cependant la France fut la grande nation; mais l'indécision ne présidait point à ses conseils, une marche ferme l'entraînait à ses alliés; la distance était comptée pour rien, car la force et l'intrépidité la remplissent bien vite. Aussi n'était-ce point inutilement que l'on faisait appel à son honneur; comme le chevalier elle demandait raison pour le faible, lui assurait le repos, ou, les armes à la main, descendait dans la lice, et là ne sacrifiait jamais à la peur. Alors ses vues politiques étaient grandes, parce que grandes étaient ses destinées, et lorsque sa volonté voudra, elle reviendra s'asseoir au rang qui lui convient.

XX.

Si l'infortuné se console à la vue d'infortunes étrangères, que de ruines élevées en peu d'années sur notre sol et sur le sol étranger! Une apparence de calme les avait déguisées, une tempête, en rejetant au loin des monceaux de sable, les a montrées debout; et en présence de ce gigantesque monument, ouvrage de nos mains, pensez-vous que les prisonniers se réjouissent? pensez-vous que le succès les affligeât, si le succès n'était dû à leurs efforts? Loin de leurs ames un tel égoïsme! Pour eux, ils applaudiront toujours à un sentiment magnanime, et si la gloire suivait nos pas, ils béniraient : ont-ils à bénir? Ils ont vu le commencement de si grands désastres; le désir de l'or, l'ardent amour de l'oppression, entraînaient les peuples dans une voie de malaise; la tempête s'était annoncée, et d'effroyables ravages ont signalé son passage.

Les prisonniers remarquèrent sa marche de leur cachot, tandis que la société les oubliait ou ne songeait à eux que pour ajouter à leurs tourmens. Ils s'inquiétaient du sort des hommes, de ce pauvre peuple qui trouve en tous lieux des entrailles de fer. Ils s'inquiètent, ils se demandent si des changemens sont nécessaires, et en face de l'entraînement des événemens, de l'Irlande qui souffre, des autres peuples sous le joug, qui n'oserait affirmer?

XXI.

J'ai parlé de l'infortune des prisonniers, je parlerai de l'infortune des peuples. Leur source est la même : ce qui conduisit l'homme dans un cachot, a conduit la société dans un abîme. Portez les regards sur les nations, et dites si le changement survenu au milieu de nous n'est point la vague qui donne l'impulsion à la vague qui suit. Un vieux trône s'écroule, le sang rejaillit de ses débris, des ministres sont écroués, et la prospérité s'arrête dénuée de son appui.

Une loi antique avait cessé parmi nous, les peuples voisins tentèrent à leur tour de nous imiter; les peuples durent briser les sceptres, ou les sceptres frapper les peuples. Il n'y a pas loin de la révolution des Belges, de l'extinction de la Pologne, des déchiremens de l'Espagne et de l'Irlande à la révolution française. Il est facile de suivre la chaîne de ces événemens; je les suivrai. Des souvenirs viendront s'y mêler; souvenirs pénibles à la gloire de la patrie. Je visiterai encore les prisonniers dans leur cachot; j'assisterai à leur souffrance héroïque, et à cette vue oserons-nous dire grâce? Non, grâce en faveur du coupable : leur langue d'ailleurs n'a rompu le silence que pour demander justice.

XXII.

Ni l'abondance, ni les palais ne les dérobent point à nous; mais le château de Ham. La prospérité les a abandonnés : elle s'est retirée à son tour du sein des peuples que nous avons vus traînés sur l'arène du cirque renouvelé. Ils ne sont plus là pour leur amusement, pour jouir des jeux comme spectateurs : livrés eux-mêmes comme un jouet, ils attendent qu'on leur demande ce qu'on exigeait autrefois. Du sang, il en faut encore : du pain ce n'est pas assez, si vous n'y ajoutez l'or des nations, leur dégradation morale, l'oubli même de la vertu.

Ainsi tu parais impur, cloaque de la société où domine le vice, où le fort calcule froidement, le poignard à la main, si la victime lui sera utile : à ce prix seulement elle vivra. Vous ignorez de quelle vie! Passez chez ces hommes qui luttent pour les lois et les institutions, dont les sueurs laborieuses se mêlent au sang de leurs blessures, et vous saurez si l'esprit d'asservissement est éteint, si la vue des souffrances et des douleurs sont réservées seulement aux murailles des cachots.

XXIII. — L'IRLANDE.

Au delà des mers, séparé de l'Angleterre par un étroit canal, il est un peuple qui est aux prises depuis long-temps avec la faim et les privations. Sur le vieux sol de la patrie où il fut maître, il baisse la tête. Quelques larmes roulent parfois de ses yeux. Ces champs qu'il avait reçus de ses pères, lui-même il les cultive ; mais ces riches moissons n'entreront point dans ses greniers. Un avide étranger est venu s'asseoir, au nom du ciel, sur ses héritages et les dévore. Sa noblesse est traînée dans la fange. Le nom qu'il porte lui rappelle des idées de fidélité ; mais il ignore toute la gloire attachée à son nom. La gloire est un écho qui s'affaiblit par la distance ; et depuis que ses pères furent dépouillés, des jours se sont écoulés moins nombreux que ses infortunes.

Toutefois, au milieu des plus cruelles angoisses, l'Irlandais se console. A son persécuteur il oppose l'effrayante misère et le déchirant spectacle de malheureux qui expirent. Qu'obtiendra-t-il ? de la pitié ? N'en espérez point. De la justice ? elle viendra qui rétablira l'ordre. Tout alors sera expié : larmes pour larmes ; sang pour sang. Élevée de ces infects marais, la tempête enveloppera ceux qui n'ont jamais compris que l'oppression. Ils ont persécuté, ils persétent, et ils s'étonnent de la résistance. Ils ne savent point ce qu'il y a d'énergie dans une ame qui croit. On a dérobé à ces hommes leurs palais : ils habitent sous le chaume. On leur a imposé de féconder leurs champs de leurs sueurs : ils les ont fécondés. On les a dépouillés de leurs temples : ils ont emporté avec eux leur Dieu sous le chaume. Ils ont rencontré le dénuement de l'exil sur le sol même de la patrie.

XXIV. — Suite.

S'il est difficile d'assigner l'époque où ce grand scandale social cessera, l'on peut du moins en prévoir la fin prochaine. D'un côté la mollesse que l'or et les jouissances amènent, gagne à la hâte au milieu d'un peuple marchand; de l'autre, les haines se multiplient et les forces augmentent de la faiblesse même de leurs ennemis. Des hommes tout brillans d'or sont descendus en champ-clos avec la misère. On les voit qui cherchent à arracher à la pauvreté quelques haillons; car ils ignorent quels bras, quelle poitrine sont cachés sous ces lambeaux : leurs yeux seraient étonnés. Ils croient que la souffrance tue. Oui, elle tue, mais à la longue; mais l'homme qui meurt entre parfois dans l'abîme sur le corps sanglant du tyran.

Peuple, qui trafiques des restes de ta victime, que feras-tu de ces mets grossiers? En orneras-tu des tables somptueuses? Ta cupidité les convoite; elle s'irrite de ce qu'elle n'a point : songe plutôt à envier le noble caractère, la fermeté, les vertus héroïques de l'opprimé. Tu ne sais point jouir de ton abondance, si tu ne lui jettes des soldats, tes lois désastreuses, et ton sacerdoce avide !

Mais qu'est-il besoin pour lui de franchir les mers? On voit qui se pressent autour de ses palais des milliers d'infortunés. Ils maudissent; ils attendent qu'un bras audacieux s'élève; et alors l'on connaîtra la force de ce grand corps de nation : l'or ne sera point toujours puissant contre le courage.

Ainsi, au milieu du luxe prodigue des uns, de l'infortune des autres, se prépare un avenir inconnu, où plusieurs trouveront la fin de leurs iniques prospérités. Ce temps viendra ; et alors qui n'applaudirait à la délivrance de l'Irlande ? La loi à la main, elle demandera compte du sang, des libertés, des biens qui lui furent ravis ; elle montrera le sol ravagé par le fer et le feu, et l'on saura si jamais nation supporta à ce point la faim et la soif pour la justice.

XXV. — Belgique.

Plus heureuse la Belgique : elle vit sous ses propres lois : elle a eu une couronne à offrir ; et son regard s'est adressé à la France. Elle espérait sauvegarde, protection et liberté ; mais la France, se refusant aux prières d'une alliée, oublia que le soin de sa gloire faisait sa sûreté : car s'il était besoin de fortifications autour de la capitale ; quelles fortifications, quel boulevart qu'un roi français à Bruxelles et la poitrine de ses sujets ! Par là l'étranger était refoulé de plusieurs journées au-delà des frontières.

La paix régnait entre les puissances ; n'importe laquelle, de gré ou de force. Conçoit-on qu'un Français à Bruxelles eût pu l'interrompre ? Chacun était arrêté par la crainte de troubles intérieurs. Que d'ailleurs l'ennemi eût touché à ses armes, et la France, pour une guerre d'honneur, aurait rallié toutes les opinions. A Anvers, nos braves ont paru ce qu'ils étaient. Ils marchaient sous le feu ennemi en faveur de Léopold... Que n'auraient-ils point osé pour la patrie ?

Regrets inutiles qui nous consument et qui redoublent à ce moment où règne le protégé de la Grande-Bretagne. Il passa au milieu de nous : venait-il s'assurer si les secours étaient prêts, si armes et argent tout serait prodigué ?

Toutefois, lorsqu'un homme ne détourne point la tête de la couronne, il doit savoir si son nom rassure les peuples : or Léopold devra se maintenir peut-être contre les Belges, dont quelques voix l'ont à peine élu.

Si d'ailleurs il régnait... Mais règne-t-il celui qui demande l'appui d'un bras étranger? Napoléon voulut un sceptre, et aussitôt il l'arracha aux mains du Directoire, revêtit le manteau impérial, et n'eut d'appui que ses victoires.

Il faut de la force à un roi que l'on vient d'élire, soit contre les partis qui déchireraient la patrie, soit contre l'ennemi du dehors ou contre lui-même, pour résister à l'enivrement de la puissance.

Aussi il est facile de prédire malheur à celui qui, le premier de sa race, toucherait d'une main faible à une couronne. Elle se briserait sur lui et l'anarchie foulerait de si brillans débris.

Mais la France est l'alliée de Léopold! Que nous importe à nous une telle alliance? les avantages de ce prince sont-ils les nôtres? Déjà l'Angleterre a traité, envieuse, non de l'honneur, mais de l'or des nations. Nous mettrons sur pied des armées; nous garderons Léopold et les siens dans ses places fortes: et à nous s'attachera l'indignation des Belges! Qui ne sait combien est odieux l'étranger dont les pas ennemis foulent le sol de la patrie?

XXVI. — La Pologne.

L'étranger foule le sol de la Pologne dont l'Europe entendit les hauts faits d'armes! mais aussi les haines s'amoncellent qui préparent la tempête. Et savons-nous sur qui elle retombera, si l'Europe elle-même n'expiera point tant de sang répandu? Le Turc pâlissait encore au souvenir de Belgrade, lorsque l'incendie des factions et de la guerre civile consuma des trophées. Lacérée de ses propres mains, tendant ses bras nus et sanglans, elle se rendit à l'ennemi; et dès ce jour un peuple de moins fut compté dans notre vieille Europe. Un règne plus tôt, cet attentat inouï n'eût pas été osé par les nations coupables. Mais le sceptre était tombé aux mains d'un prince endormi sur le trône : aussi le crime fut consommé à la face du soleil, et la France ne put que réprimer sa bouillante indignation... Depuis, la Pologne se releva sur les pas du conquérant, lui demandant ses droits et sa nationalité; mais lui ne savait que dompter. Des droits il n'en connaissait point. Il tenait une épée nue : c'était son sceptre, sa main de justice. Elle fut brisée, et le puissant ressaisit sa proie. Durant quinze années elle avait attendu; car les rois avaient fait des promesses, mais leur parole fut un gage d'asservissement.

Les oppresseurs rompirent la foi des traités : était-ce à l'opprimé d'être fidèle et de porter volontairement le poids de sa chaîne? Le contrat n'exista plus : s'il en est entre peuples dont les uns cherchent à s'étendre et l'autre à redevenir indépendant, ce qu'il fut il y a peu d'années. Et la Pologne en appela à la justice : elle vint déposer ses droits aux pieds des autels, et sous la bannière de la croix se disposa à vaincre ou à mourir. Elle demandait à se donner un pouvoir à elle, libre du choix de ses ennemis; et ce pouvoir sera choisi dans les combats où les descendans de ses vieux rois seront connus à leur intrépidité. De loin les braves les contemplent et attendent pour juger, à leurs coups, s'ils seront dignes d'eux.

Ainsi pensait l'héroïque nation; et en espérant le secours, vieillards, femmes, enfans, prêtres du Seigneur, tous redoublent d'efforts pour délivrer la patrie. Noble Pologne, compte les peuples innombrables qui se précipitent sur toi de l'empire du nord, et maintenant considère tes guerriers.—S'il faut mourir, que je meure libre; que des ruines disent du moins que le courage n'a jamais manqué. Et déjà le bruit des armes avait retenti et l'aigle blanc déployé de nouveau ses ailes.

XXVII. — Suite.

Dans Varsovie, aux pieds des autels, fut le rendez-vous des hommes magnanimes : car l'honneur, l'ardent amour de la patrie sont là, sous l'œil même de Dieu : et malheur au peuple qui essaie de se soustraire à une telle sauvegarde. — Tu doutes qu'un soldat mette ainsi le front dans la poudre. — Tu le verras se relever au champ de l'honneur.

Périssent les bras indolens qui soulevèrent la Pologne et l'abandonnèrent seule dans sa lutte héroïque. Elle parut, comme le chevalier, reprendre sa lance. Son casque ne fut point orné du panache. Elle attendit la victoire. Sa cuirasse était encore déchirée. Cependant l'ennemi pâlit à ses grands coups. Il reconnut la fière nation qui avait écrasé l'orgueil ottoman, le sien même.

Mais enfin, assaillie par le nombre, resserrée dans un espace étroit, après avoir reçu de nombreuses blessures, sa main fut défaillante : elle tomba et le laurier protégea son repos.

Plusieurs ont détourné la tête. Que leur faut-il pour admirer un si grand sacrifice : ils ont souri de voir la Pologne morcelée par des voisins qui décrétaient son esclavage. Elle devra donc mourir dans son abjection ! Son peuple alimentera de ses sueurs le luxe moscovite, et ses prêtres seront vendus au czar corps et ame. Elle redemanda sur les champs de bataille ses droits, et la gloire seule ne lui a point manqué. La Pologne, espéra et l'écho ne répète plus sa voix : elle a cessé de troubler notre sommeil !

XXVIII. — ANCONE.

La Pologne expira, la Belgique était passée à l'étranger, et alors même le ministère jetait des soldats en Italie. La victoire allait-elle entraîner à nous toutes les nations de l'Europe ? nous verrait-on renouveler les prodiges de 1805? Là furent écrasés les bataillons ennemis; là l'Autriche reconnaissait notre supériorité. Aussi Napoléon imposait un roi à la moderne reine. Les traités nous fixèrent depuis pour frontières les Alpes; et à mesure l'Autriche gagna dans cette contrée. Les duchés de Parme et de Plaisance furent encore donnés à l'Autrichienne qui fut l'impératrice, et par là s'étendit encore l'influence de sa patrie sur l'Italie.

En 1832, la France tenta un effort pour réparer ces pertes, et les portes d'Ancône s'ouvrirent à ses troupes. A une autre époque, une telle invasion eût manifesté des projets ultérieurs, la guerre s'en fût suivie. Qu'attendre d'une nation qui s'emparait d'une ville maritime dans ces lieux où elle donna des lois. Là tout lui parle de sa vieille gloire. L'Europe ne l'ignore point ; mais elle sait aussi que les révolutions changent bien vite l'esprit d'un peuple. Celui qui dans sa marche brisa les portes des capitales, se borne aujourd'hui à propager au milieu d'eux ses goûts mobiles. Les rois ont souri. Ils ont souri ! ils redoutaient les armes françaises : elles étaient si rapides. Mais ont-ils compris le but de ces nouveaux efforts ?

Ils se rassurèrent sur les projets de la France.

Tant de garanties leur étaient données! que leur importait donc la prise d'Ancône? elle reviendrait au maître légitime. Ainsi ils oublièrent que les nations se démoralisent, que cette place où furent des Français ne serait point rendue ce qu'elle était. Les murailles seront restituées; mais les mœurs, les opinions n'auront-elles point été renouvelées ?

Ancône fut prise sur un vieillard : les couronnes ne s'émurent point. Le danger était éloigné. Toutefois le jour viendra où elles comprendront si la prise d'Ancône ajouta à l'énergie de la révolution d'Italie, et si toute révolution est fatale aux puissances de l'Europe.

XXIX. — Exil des Bourbons.

La révolution, qui fatigue nos esprits et a blessé l'Europe d'une plaie incurable en lui communiquant des germes de dissolution et de mort, frappa d'abord la maison royale de France. Ce fut pour la troisième fois en moins de cinquante ans, que l'on vit cette famille de rois suivre le chemin de l'exil. Et le prince qui avait agrandi nos possessions ne trouva plus d'asile dans son royaume. Il avait dû venger l'honneur français. Sa tâche était désormais remplie.

Il s'avançait en silence au milieu de la famille dont il était le chef. L'œil le reconnaissait aisément à son âge que ne déguisaient point ses blancs cheveux : les cheveux blanchissent vite dans l'adversité, loin de sa patrie.

Il part cet enfant auquel ne sourit jamais son père : il suit les pas d'une femme qui connut de si grandes infortunes. Il ne leur sera donc plus donné de visiter ces provinces dont leurs ancêtres dotèrent la France. La vue de ces brillantes conquêtes leur est dérobée pour jamais; et la brumeuse Ecosse leur servira de retraite.

En Ecosse, les grâces touchantes de Marie Stuart s'effacèrent dans une prison. Au sein de ces masses de rochers, de ces châteaux solitaires, puisse un jeune enfant avoir appris à vivre aux lieux où une princesse française finit ses jours, avec tant de grandeur, sous la main du bourreau !

XXX. — Suite.

C'est à l'instant de la tempête que se dissipe aux yeux de chacun l'illusion fantastique du diadème, bandeau brillant qu'emportent les orages. Un rapide vaisseau vient les arracher aux lieux où tout leur parle de la grandeur de leur maison. Aussi des larmes roulent aux yeux de cette mère. Son fils est précipité d'un si beau trône! le sceptre se brise, et son fils ne peut rester inconnu sur le sol où repose le cœur de son père. Il ne lui sera point donné de franchir l'intervalle qui le sépare de ses palais, condamné à porter le nom de Bourbon!

Que l'obscur citoyen voie dissiper sa fortune, que ses enfans mendient le pain de la pitié, il ne sera point banni de la terre qui le vit naître : il pourra s'agenouiller encore aux lieux où dorment les siens. Et cette femme portera dans ses bras son jeune fils dans l'exil!

Cependant le vent s'est élevé : la voile est tendue, et le signal du départ donné. « Terre de France, a dit une voix, jouis de la paix. » Et la rame fend cet océan que parcourut Marie de France. Souvent, sous ces pauvres chaumières, l'on a redit à celui que la couronne espérait, combien Marie fut aimable et bonne! l'Ecosse n'ignore plus que pour être aimable et bon il suffit à un prince d'être du noble sang de France.

XXXI. — La Colonne.

La loi d'exil prononcée contre les Bourbons nous conduit naturellement à parler de cet homme qui, après avoir renouvelé le vaste empire de Charlemagne, fut traîné au milieu des mers. Son génie à l'étroit dans le monde, fut resserré dans une île où quelques serviteurs dévoués restèrent seuls de sa grandeur passée : cette multitude d'esclaves, rangés naguère autour de lui et qui tremblaient à son regard, s'étaient changés en geôliers.

Et alors ce génie, qui portait en lui-même les causes de sa destruction, n'exerça plus au dehors sa prodigieuse activité, comme le vautour qui se ronge lorsqu'il manque d'alimens. Long-temps il pressa dans ses serres les nations civilisées, aussi elles frémissaient d'épouvante à son nom; et lorsque le bruit de sa mort parvint au continent, les rois, pâlissant à de récens souvenirs, n'osèrent se réjouir, dans la crainte de la vengeance rapide comme la foudre.

Cependant il était expiré, et les sables du rivage lui servirent de monument : car quelle main d'homme eût osé tracer ses exploits. L'étranger qu'il foula, le Français dont il dirigea la course, auraient douté de l'exécution; mais la pensée de Napoléon avait conçu le projet. L'artillerie enlevée à l'ennemi fut jetée dans de brûlans fourneaux, et le bronze qui vomissait la mort sur les braves s'éleva en colonne gigantesque. Là furent gravées les campagnes d'Autriche et de Russie... Et c'est dans la Russie, au fond de ces immenses solitudes, au milieu de l'incendie de Moscou, qu'il perdit dans sa lutte, avec les élémens, le prestige qui fait le conquérant invincible. Aussi à cette immense hauteur où devait dominer la statue guerrière, s'arrête la colonne. L'étranger la précipita aux gémonies.

Mais le 21 mai 1831 le colosse fut replacé debout sur son piédestal de victoires. Plusieurs espérèrent alors que sur la grande place son ombre passerait encore ces grandes revues qui avaient opéré de si brillantes merveilles. Ils oubliaient que son génie était mort. Aussi la Pologne demanda inutilement quelques uns de ceux qui avaient appris à vaincre sous lui.

Le soldat qui le vit sur le champ de bataille est venu le saluer : mais les siens ne s'inclineront jamais sur les degrés du monument : et tandis que son nom fait tressaillir des milliers d'hommes d'admiration, ni son fils qu'il nomma roi de Rome, la grandeur de ce peuple convenait seule à la sienne; ni ses frères qu'il avait imposés à l'Europe, ni celle qui lui donna le jour, ne viendront chercher le repos aux lieux où il fut maître. Ils dormirent dans le palais des rois parce qu'il le voulut : et maintenant son nom les proscrit. Génie prodigieux destiné à commander aux rois et aux peuples; objet de terreur et ensuite de pitié dans sa chute profonde, son souvenir inscrit sur le bronze nous rappellera les plus belles années de notre gloire militaire.

XXXII.

Vers le temps à peu près où les Bourbons se retirèrent de la terre hospitalière de l'Ecosse, s'éteignit le génie de Walter Scott. Combien la vue de cette famille de rois avait dû ajouter de puissance à ses souvenirs ! et le lecteur regrettera toujours que sa destinée ne lui ait pas permis de peindre les Bourbons au milieu de ses montagnes.

Mais ses jours étaient accomplis, ceux des princes allaient se continuer dans l'exil. Que leur nom eût paru touchant sous une telle plume ! L'ami des ruines n'aurait rien eu à désirer. Et à quelles ames les ruines ne plaisent-elles pas ? elles attachent et intéressent. Marie d'Ecosse sur le trône nous eût-elle paru aussi touchante ? et si son ombre n'est pas insensible, songe-t-elle aujourd'hui à la couronne qui lui fut ravie ? Le génie s'est incliné sur le cercueil, qu'est-il besoin d'autre monument ?

Le voyageur qui visite l'Écosse, mêle au souvenir des mœurs antiques du pays, le nom populaire de celui qui les sauva de l'oubli. Et auprès de la pierre qui se détache de l'édifice gothique, auprès d'un nom qui tombe, ses vœux invoquent la présence du génie.

XXXIII.

Si le génie nous invite à ses plaisirs, à notre tour nous le convions à nos fêtes. Pourquoi donc la Divinité, qui est le génie de l'homme, n'assisterait-elle point à ces jours tristes qui nous rappellent des chutes? Son œil fut ouvert sur un crime, il doit l'être sur un repentir; car tout sera expié, quel que soit le coupable, et si les lois humaines se taisent, la justice immuable saura l'atteindre.

Mais vous avez peut-être détourné les regards de Louis, persuadés que le deuil n'appartenait qu'aux Bourbons, parce que sa tête fut chargée de la couronne. Oh! plutôt plaignez-le d'avoir eu le malheur de devenir roi. Père, époux infortuné, il se vit arraché à la tendresse de sa famille jusqu'à l'instant où le fer du bourreau remplaça le brillant diadème. Heureux encore de n'avoir point vu son jeune fils livré à la moralité de Simon, et la fille des Césars, son épouse, avant de subir son arrêt, forcée d'en appeler à la tendresse des mères!

Ces souvenirs ne cesseront de glacer d'effroi celui qui appartient à la grande famille du genre humain. S'il s'agit de morale, nos opinions ou plutôt nos croyances deviennent communes; et le monarque et celui qui repose sous la chaumière sont unis par l'infortune. Nous sommes tous les enfans d'un même père. Aurions-nous d'ailleurs oublié que le fils répond pour les fautes du père, comme le crut toujours l'antiquité.

Delicta majorum immeritus lues?

Nous donc, nous aurons à rendre compte de l'ordre social anéanti, et de ce jour à jamais funeste du 21 janvier. Chaque année nous ramène le triste anniversaire; et il n'est plus de vestige de douleur publique. Et cependant la trace de sang est là sous le pied du passant! Votre fierté s'indignerait-elle de fléchir le genou? Ces rois ne sont plus dans leurs palais d'où leurs ombres mêmes se trouvent exilées; et l'on ne s'avilit point devant les autels des martyrs.

XXXIV.

Le regard ne rencontre que des infortunes et il s'y attache, parce que la douleur est l'aliment de l'homme. Quelque chose de triste se présente-t-il à lui? comme son esprit s'en empare vite! Laissez-lui donc verser des larmes sur un cercueil.

A pareil jour tombait sous le fer un prince, l'espoir d'une grande monarchie. Concevait-il l'homme ennemi de l'homme ailleurs que sur un champ de bataille? Jamais. Jamais le duc de Berri n'avait nourri une telle pensée. Aussi son noble cœur ne se cachait point derrière les armes et les soldats. Une couronne lui eût paru trop pesante défendue par les seules baïonnettes. La poitrine la mieux cuirassée, pensait-il, était celle qu'environne l'amour des peuples; et devant lui se présenta un meurtrier!

Prince magnanime qui jamais ne suivit les mouvemens d'une main française, il ne croyait point au poignard : combien ce fut donc une pensée déchirante de voir le coup partir d'où il l'attendait le moins.

Que la dernière heure arrive sur un lit de douleur : c'est la condition de notre nature; mais périr sous le poignard! oh! c'est alors que l'on peut dire que la mort nous arrache tout, jouissances, postérité; et ce prince laissait-il un fils après lui qui portât le nom de Bourbon? Il l'espérait peut-être. La mort pour adoucir des regrets ne vient-elle point dévoiler les secrets de la vie? Mais l'avenir : l'a-t-il prévu? mais l'exil? qu'importe si le prince ne cesse de répéter : « Dieu protége la France. »

XXXV. — Mort de Condé.

Le fer sanglant moissonne dans les palais des rois : il leur fait expier leur prospérité : aussi plusieurs années après périt le dernier des Condés, rejeton d'une tige autour de laquelle s'enlaçait la victoire. Il n'est plus ; et ses dernières heures sont enveloppées de mystères. Le temps vengeur les dévoilera peut-être. Le fer n'approcha point de cette noble poitrine. C'eût été une consolation pour le vieillard expirant. Le hideux cordon fut enlacé à son cou, et la vengeance n'a pu atteindre les coupables.

O Condé, nom si heureux de souvenirs! Mais afin que la gloire fût égalée par la grandeur des infortunes, ceux qui descendaient des héros partirent pour l'exil... Depuis nous avons vu le sang d'Enghien s'attacher, en le rongeant, à l'airain des trophées, et le vieux Condé expirer sous une main ennemie, dans son palais, au milieu de ses nombreux serviteurs.

Ses palais resteront déserts; maintenant qui oserait les habiter. Une odeur de crime s'élève du fond de ces demeures. Si parfois la vue du sang ne force point le pied de l'homme à dévier, s'il se fraie un chemin sur des milliers de cadavres, arrivé à son but il se détourne : il craint même d'apercevoir une tache livide; et cette tache restera ineffaçable sur le seuil de la maison de Condé : les yeux effrayés du coupable la distingueront de loin.

Pour le Français, il ne viendra plus se promener dans ces parcs, dans ces allées solitaires où n'est plus le vieux maître, où l'appelaient ses volontés. Une étrangère est venue s'asseoir dans ce bel héritage, à la place où devaient trouver un asile les enfans des soldats de Condé. Ce nom sera désormais uni seulement aux monumens de la gloire. Qu'importe après tout la mort quand on laisse de soi de si beaux souvenirs ! Que les marbres et les inscriptions périssent, l'histoire nous dira toujours la gloire de cette famille, moins illustre par sa naissance que par ses exploits.

Auprès de l'éclat de cette maison vient se placer l'infortune : le mal est le fruit naturel de la terre.

XXXVI. — L'Europe.

A la vue de ces graves événemens qui ont suivi le départ d'une famille, je me suis demandé quel rapport se trouvait entre elle et le pouvoir ; et j'ai vu que le pouvoir orageux à l'origine se fortifiait dans les maisons par la gloire et le bonheur dont les temps forment l'alliance. Il faut le sceau des siècles : or, huit siècles unissaient les Bourbons à la couronne.

Ainsi le pouvoir se confond à la longue avec les hommes et les noms ; et alors si l'homme se retire, les lois se détruisent, les nations s'en vont. Aussi il est facile de concevoir l'inquiétude à l'étranger, si l'on touche à cette grande loi sociale.

Voyez au bruit de la chute d'une vieille monarchie les peuples de l'Europe qui s'étonnent, les rois tremblans qui se demandent comment la victoire brisait le conquérant. L'Afrique avait reçu nos soldats, Alger n'était plus qu'une colonie française ; et le vainqueur fut confié aux flots moins orageux que notre sol.

L'on n'ignore point que la loi générale sur le pouvoir se modifie. L'expérience nous montre que tout ce qui est au milieu de nous doit subir des changemens : car les états participent à l'instabilité du sol. La poussière même que foulent les pas de l'homme n'est pas plus légère. Entraîné par une inquiétude inouïe, il se laisse dominer par tout ce qui l'environne. Il a perdu l'empire sur lui-même, tout échappe à sa main défaillante, et par un travail opiniâtre il tire de son cœur le malaise.

Cependant il faudra remonter vers le passé, rechercher des constitutions basées sur la nature : mais auparavant de longues années s'écouleront, les passions se calmeront, ou bien l'état finira.

Isolez par la pensée cette nation ; donnez-lui pour limites la solitude des êtres vivans : le bien ou le mal retombera sur elle. Si maintenant par des frontières elle communique à des voisins, si des relations l'unissent à eux, ils auront tous à lui demander compte de ses mœurs politiques et morales.

XXXVII. — Suite.

Il est une nation qui, par son naturel, sa position, semble destinée à donner le ton à l'Europe. Baignée des eaux de l'Océan, elle envoie, par ses flottes, ses goûts et son commerce au loin; d'un autre côté ses belles routes lui ouvrent de faciles débouchés. Sa prospérité fut grande : elle était due à la contenance du pouvoir au dehors; mais elle s'arracha violemment à sa tutelle, et osa même le traduire à la barre. Le comte et le fier baron n'élevèrent point le dernier sur le pavois militaire. L'on vit les débris d'une chambre législative prononcer l'arrêt. Elle ignorait combien les intérêts se trouvaient liés du trône à la chaumière. Au dedans éclatèrent les haines, au dehors les soupçons; car les rois contre lesquels s'unit la propagande ne sont point rassurés, et le commerce, fruit de la confiance, demande une monarchie héréditaire.

Peu importe maintenant que le pouvoir ne soit point électif, s'il peut être livré au caprice de la foule. L'est-il une seule fois? rien n'empêche qu'il ne le soit de nouveau. Quelle puissance bornerait l'exercice de cette formidable faculté? L'on s'en remettra à la force; et dès lors le pouvoir aura cessé. Les voisins s'alarmeront... Si un tel événement se consommait au milieu d'eux! les rois sont devenus méfians. Inutilement élira-t-on un roi nouveau : il y aura toujours à leurs yeux un vice d'origine, et c'est ce vice qui tue l'homme. Une ombre de paix lui sera peut-être accordée. Pourquoi la rompraient-ils? Laissez-le s'éteindre cet enthousiasme suscité par les circonstances.

Heureux si leurs peuples viennent puiser dans ce changement de hautes leçons, s'ils se rattachent au pouvoir et bannissent toute défiance! Assez longtemps ils ont assisté aux déchiremens de leurs pays par l'étranger. L'Europe n'a point oublié que Vienne fut deux fois envahie, Moscow incendié; que l'Italie, la Prusse et l'Allemagne devinrent la proie de nos soldats; et qu'alors la France marchait avec ses seules forces.

XXXVIII. — Suite.

L'Europe est dans un état qui ressemble à la paix, et elle n'en jouit point : les peuples qui l'habitent se trouvent sous les armes. Il est aisé de signaler au dedans la haine du pouvoir et du sujet, l'anarchie ou le despotisme; au dehors, un besoin d'oppression. Ainsi les peuples se vengent du joug qui pèse sur eux, et les rois, de celui qui les menace. Quel esprit s'obstinerait à croire que la Pologne sentira toujours s'appesantir ses chaînes, parce que ses droits méprisés ont été ensevelis sous les ruines de Varsovie? Ces nobles exilés ne cesseront-ils point de chercher la patrie de leurs regards?

Qui que tu sois qui oses blâmer ce dévouement, crains qu'on ne te soupçonne de n'oser présenter ta poitrine à l'ennemi, si les droits de ta patrie étaient en péril. La France avait élevé sa voix, sous les Bourbons, en faveur de la Pologne; et elle vient d'assister à un tout autre événement. Mais ce désordre ne peut durer. L'ambition qui pousse la Russie aux conquêtes servira bientôt de sauvegarde à la Pologne. La distance affaiblit les forces; et alors son courage ne faillira point.

L'Irlande est là attentive, triste victime de la cupidité de ces insulaires qui trafiquent du sang d'un peuple généreux.

Ainsi remarque-t-on des germes de révolution au sein des grands états; car la Pologne est enchaînée en partie à la Russie, en partie enclavée dans la

Prusse. L'Autriche demanda aussi sa part : tous ces lambeaux épars d'état divisés n'auront pas oubliés qu'ils furent libres.

Mon souvenir pourrait-il ne point se tourner vers la malheureuse Espagne ? Déchirée par les factions, elle lutte contre elle-même et contre l'étranger. Sa généreuse ardeur triomphera : son Dieu, son roi ne lui manqueront point. Lorsqu'après le combat elle dépouille ses morts, comme elle se réjouit de rencontrer dans la poudre un visage ennemi ! Toutefois oubliera-t-elle jamais que l'étranger survint, pour la dépouiller, à l'instant pénible des guerres civiles?

Pour la France, dont les changemens ont si violemment agité l'Europe, est-elle plongée dans ce calme qui précède les tempêtes? Est-ce de l'épuisement que l'on remarque, signe inévitable de mort.

Si maintenant les grands états sont mis à une si rude épreuve, pense-t-on que l'obscurité servira d'abri aux petites principautés ? Abdalonime n'entendait point le bruit des armes qui retentissait en Asie, parce que l'Asie appartenait presque entière à un seul maître, et que ce maître occupait un seul point. Mais l'Europe, d'après sa division, ne saurait fournir un pied de terre où de tels événemens n'amènent un changement de destinée. Il faut que toute justice s'accomplisse.

XXXIX.

Il est dur de ne rencontrer sous sa plume que de tels événemens, de tracer toujours des choses pénibles; mais il faut plier sous la nécessité: nous avons semé, nous moissonnons, nous moissonnerons encore. La semence fut jetée au sein de la terre, de gré ou de force il faudra la recueillir. Opposez une digue à l'eau du fleuve ou du torrent, la digue sera entraînée, ou l'eau exercera ses ravages en attendant qu'elle se soit creusé un lit nouveau.

Une grande révolution s'était opérée qui avait détourné du bien public les volontés particulières. Après plusieurs années d'une marche criminelle, les lois, les mœurs avaient recommencé à reprendre leur cours accoutumé, lorsqu'elles furent encore interrompues par des cadavres. Dès ce jour s'est élevé un nouvel ordre d'idées, et les esprits peu fixés n'ont plus entrevu dans l'avenir que des changemens. Les mœurs se sont débordées, soulevées par ces récens orages qui avaient pour cause le désordre, et nos yeux ont été attristés par la vue des ruines. N'est-ce donc pas assez des ruines que le temps entasse dans la solitude? La main de l'homme passe vite et abat; instrument d'un maître qui s'égare et qui pense que briser c'est régner; Dieu détruit parce qu'il renouvelle.

XL.

Au milieu de cette disposition des esprits, à un siècle où tout ce qui présente de la consistance épouvante, la pairie demandait l'avenir. Il nous faut aujourd'hui des institutions qui passent comme nos pensées; la propriété elle-même aurait cessé d'être sacrée, si le droit se trouvait un seul instant séparé de la force : la force est la première loi de nos institutions.

La force prescrivit l'hérédité : la pairie sanctionna, elle proscrivit, ignorant à quel point l'homme qui détruit viendra s'arrêter. Savez-vous, lorsque parurent les ordonnances, ce que l'on demandait? La charte, le changement de ministère. C'étaient encore les mêmes cris au moment où Paris était ensanglanté. La pensée était loin de prévoir que bientôt trois générations royales seraient condamnées à l'exil.

Une royauté de plusieurs siècles fut rejetée! et nous parlons encore d'hérédité! En est-il sur le sol de la patrie? Pour moi, je l'ignore, car les révolutions ont tellement été mêlées aux années, que nos esprits ne cessent d'en soupçonner de nouvelles.

En vain nous montrerez-vous en faveur de votre client de vieux souvenirs, nos yeux ne se tournent plus que vers ce qui doit être. Ce qui fut nous offre de la grandeur, de la puissance et de la gloire; mais l'avenir... il est impénétrable, impénétrable sur l'Europe entière où le volcan est allumé, où la marche politique attache toutes les pensées.

XLI.

L'homme s'inquiète peu des maux qui l'environnent: qu'il foule des ruines, pourvu qu'elles lui soient étrangères. Ainsi s'est montrée à nous la Chambre des Pairs qui, sous la restauration, eut ses priviléges comme le Sénat sous l'Empire. Elle demande peu si le peuple s'agite pour ses impôts, si des ministres sont menacés d'expirer dans ce fort, si une princesse du sang des rois a langui à Blaye; d'où vient que tant de malheureux sont écroués dans d'infectes prisons.

Ceux qui avaient assisté à une grande élection, qui espéraient d'être immobiles eux-mêmes au milieu de ces majestés passagères, demandèrent pour eux l'immortalité à cette place; et un temps viendra où leurs enfans n'en voudront plus! Le temps se chargera de renouveler les institutions; il en serait bien autrement si de grandes et généreuses pensées animaient le Luxembourg : alors les ames magnanimes ne feraient point défaut : il en est, il en serait en plus grand nombre, si leur voix, loin de se mêler aux partis, ne s'ouvrait que sur les grands intérêts de l'état.

Mais la pairie s'est humiliée, et s'il arrive que celui qui a joui de la puissance vienne à s'abaisser, il faut qu'il s'abaisse encore sous la main de son rival. Plus de relâche jusqu'à ce qu'il l'aura dépouillé de son passé. Que la victime cède, elle sera foulée aux pieds; qu'elle crie merci à son ennemi, elle sera traînée dans l'arène.

XLII. — Forts détachés.

Le peuple souriait encore à ces débris, qui importaient peu à son repos, pensait-il; il ne songeait point qu'il souffre toujours des disputes des grands. Lorsqu'il vit le prix de son pain servir à creuser les fossés et à préparer les matériaux pour élever des forts. Et lui s'effraya! Il n'ignore point que si la prospérité couronne les empires, la poitrine des citoyens est le plus fort rempart des capitales.

Des forts! a-t-il dit, contre quels ennemis? Ce n'est plus le temps où, cantonnés dans leurs châteaux, les seigneurs introduisaient les barbares au cœur du royaume. Des lois de fer, amenées si l'on veut par les circonstances, des impôts pesans n'ont jamais rassuré. Ces lois ont été votées : pourquoi à l'abri de ces forts n'en serait-il point voté de plus dures encore?

Vous ne devez rien au peuple, il ne choisit point ses représentans : mais les charges sont à lui. Il ne reste à l'artisan que son désespoir, au laboureur que sa charrue, car le faix repose sur eux; si le riche n'en est pas exempt, sa fortune reste la même, et le pain de l'ouvrier s'amoindrit chaque jour.

Que d'autres voient dans ces forts l'anéantissement de leurs libertés, lui ne songera qu'à nourrir sa femme et ses jeunes enfans. Aussi toute loi qui frappera ou le commerce ou l'industrie, retentira au fond de son ame; et pour une branche d'industrie qui périt, combien périssent d'infortunés, et par suite combien de joie s'en va de la maison du riche! qu'ils se retirent de vos ateliers, qu'ils désertent vos campagnes, et vous comprendrez s'ils sont utiles à votre prospérité.

XLIII. — La Bastille.

Ces hommes dont les sueurs étaient utiles s'étonnèrent, lorsque des récompenses furent décernées aux vainqueurs de la Bastille et des monumens sur cette place. Une loi consacrera la récompense due à la prise d'un vieil édifice dont les pierres furent dispersées!

C'était une prison d'état! n'en faudrait-il plus pour complaire au crime? et sous Louis le plus juste des hommes, combien comptait-on de détenus?

La multitude se porta à la Bastille, comme plus tard à Versailles, et ensuite aux Tuileries. Une telle démarche indiquait assez qu'on ne reconnaissait plus de coupables, que la force ferait désormais la justice. Il le fallait pour préparer les échafauds.

Ainsi l'ordre allait toujours s'abaissant, et l'on vit peu après où se porte l'homme qui a osé un tel attentat. Les plus douces institutions préparées par Louis, les plus favorables à la liberté individuelle, disparurent, et jamais plus horrible tyrannie n'a épouvanté royaume. Depuis ce temps rien de stable ne s'est reposé sur notre sol. Une pensée coupable a-t-elle produit un fruit plus amer?

Ce que je dis non point seulement à la vue d'augustes infortunes, mais encore des fléaux qui ont passé sur la société. Si Louis reparaissait au milieu de nous, ne se plaindrait-il point des souffrances qui désolent ce pauvre peuple? Il nourrit de ses sueurs l'ambitieux qui s'élève, il le nourrit aux honneurs, il le nourrit dans la boue ; pressez, pressez encore, il en sortira des tribulations. Il paiera ceux qui ont détruit la Bastille ; il paiera lorsqu'il faudra bâtir à sa place de nouveaux monumens. Cessez donc de lui vanter le 14 juillet. Il entend à plus de quarante ans d'intervalle le bruit du marteau et de la hache; il voit ses campagnes ravagées, la terreur dans les villes et les chaumières, et le cœur gros de soupirs il dit aux siens : N'est-ce donc pas assez de ces désastres ?

XLIV.

Donnez de la nourriture à ce vieillard qui en manque, il n'est pas bon que l'homme meure de faim. Mais gardez-vous de l'accueillir: il participa à une si grande ruine.

Ainsi l'on décerne une récompense aux démolisseurs : l'accorde-t-on aux restes de nos vieilles armées, à ceux qui ont versé leur sang pour le règne des lois ? Que la récompense ait été fixée en vertu d'anciens services rendus à la patrie, sur les champs de bataille, n'importe, la dette sera transformée en secours.

Si les soldats distribuaient eux-mêmes le prix de la valeur, si des heureux ou des intrigans ne ravissaient ce qui est dû à autrui, je concevrai les transports de l'homme à la veille d'une bataille. De toutes ses campagnes, il n'emportera souvent qu'un corps usé par les fatigues et les blessures, et la patrie marchandera avec lui ! Ce ne sont point ces rétributions légères qui jamais ont soulevé des plaintes.

Cependant le droit des démolisseurs sera reconnu, et le monument élevé à la Bastille aux lieux mêmes où l'ordre fut enseveli sous des ruines. Incohérence de nos idées humaines ! nous demandons le calme et le repos des passions dans l'état, au dehors la dignité, et nous fêtons ceux qui ont causé une si longue agitation ! Nous recherchons leurs noms au coin des carrefours, sur les places publiques pour les insérer sur le grand livre de l'état ; nous leurs accordons les honneurs du prytannée. Socrate en eût-il voulu à ce prix ?

XLV. — Vendée.

Si les institutions anciennes sont à ce point perverties, les mœurs changées, faut-il s'étonner que parfois l'on porte atteinte aux intérêts, à la conscience de plusieurs ! Cette imprudence est-elle commise, l'on voit de petites provinces lutter avec effort, compter le nombre de leurs libertés ravies et non celui de leurs ennemis. Aussi nous applaudissons à la Vendée et à ses héros martyrs, tout en déplorant nos discordes civiles.

Combien de beaux noms sortirent alors de l'obscurité, et qui à cet éclat eussent préféré la paix de la patrie ! C'était l'instant où se formait une nouvelle noblesse dont les titres furent sur les champs de bataille. La Vendée réclama sa part à cet héritage triste et lugubre, et l'histoire s'est chargée de la lui dispenser.

Lorsque les autres provinces s'émurent, elle s'alarma ; mais loin de baisser la tête, elle forma des projets dignes de son courage, et sous ses chaumières s'agitèrent de hauts intérêts politiques. Cependant la guerre ne fut organisée que du moment où les autels furent menacés ; peu à peu ses armées se fortifièrent des débris des défenseurs du trône, elles se nommèrent armées royales, car la cruelle politique de ces temps força le Vendéen à croire que le trône et l'autel se prêtaient un mutuel appui ! et comme pour propager cette erreur, à mesure que les rois s'en vont, l'on voit la tyrannie s'efforcer de priver l'homme de ses libertés morales ; c'est alors qu'il faut de l'énergie, et si les opinions politiques du persécuté favorisent le pouvoir déchu, ses opinions, ses croyances s'allient, et de la même voix il demande son Dieu et son roi.

XLVI.

Tel fut le résultat de la révolution de 1789, tel devait être celui de 1830; car si en dernier lieu la main de l'homme ne se porta point sur l'autel, ses soupçons s'élevèrent. Des hommes dont les noms s'étaient fait connaître, connus à leur tour, se trouvèrent précipités dans la lice. Aussi combien de citoyens rendus inutiles ? combien qui ont péri par le malheur de nos discordes civiles ! Ceux-là du moins peuvent être rendus à l'état : le sang français coule dans leurs veines ; ils ont porté leurs pas dans l'exil. Que des querelles s'engagent à l'étranger : à leurs grands coups, à leur intrépidité, il sera aisé de reconnaître des volontaires vendéens.

Mais ceux qui ne sont plus et dont la gloire n'a laissé d'eux d'autre postérité qu'un nom immortel, nos regrets les ont suivis au lieu de leur repos. Heureux du moins ceux qui n'ont point vu la tête de leurs frères d'armes rouler de l'échafaud, et leur sang imprimer une tache sur nos places publiques ! Quel courage auraient porté contre l'ennemi ces jeunes gens que l'on vit marcher à la mort en silence !

D'autres, jetés dans les cachots, appellent de leurs vœux ce qui n'est point. Réhabilitation de leur honneur, vie calme au paisible citoyen, gloire, fin de toute injustice. Que leur importe les décorations et les dignités ? à eux des travaux, des jours dans le pressentiment du combat, des nuits sans sommeil, des temples enlevés à leurs adorations ; à eux, à toutes les époques, des persécutions. A ces places, à ces honneurs si bien mérités, et que le bâton ou le fer avaient conquis, ils ont vu reposer en paix les transfuges de tous les camps, et ils passaient en silence : qu'avaient-ils à leur demander ?

Tels sont les hommes que depuis quarante ans l'on cherche à faire descendre. Jamais rien ne fut épargné ; aussi pour arriver en dernier lieu à ce résultat et arracher le caractère distinctif de ces provinces, des camps furent placés au milieu de ces populations, et l'on n'ignore point si c'est un moyen sûr d'opérer une rapide démoralisation !

XLVII. — État de Siége.

Les auteurs de ce projet ne seraient pas moins effrayés s'il eût réussi, que d'avoir vu écraser par le canon, en 1830 et deux ans plus tard, de riches quartiers et les monumens de Paris. Le sang fut versé au jour des funérailles d'un de nos généraux[*]; parce que cet homme avait été nourri dans les camps, que les batailles avaient rempli sa jeunesse, l'on chercha à les renouveler autour de lui pour la dernière fois.

Le cercueil s'avançait, et avant qu'il n'arrivât au lieu du repos, la république tenta de s'élever et de servir de monument aux cendres de ce vieux serviteur de l'Empire. Une jeunesse ardente, généreuse, mais égarée, se trouvait là au passage.

Par un singulier rapprochement, l'on eût dit qu'elle se chargeait de venger la Vendée de ses domiciles envahis, de ses libertés individuelles menacées. L'on ne se doutait point que les palais de la capitale répondaient de la sûreté des provinces, que leur sang rejaillirait au milieu de ses rues et de ses places publiques.

Ainsi à l'instant où le joug s'appesantissait d'un côté, de l'autre l'anarchie redoublait d'effort; quel avenir nous était donné, pensions-nous, lorsque la présence d'une femme, la mort d'un général, plaçaient l'état sur le penchant de sa ruine.

Mais la victoire s'est déclarée pour le pouvoir : les partis ont été réduits au silence, et la capitale n'aura

[*] M. Lamarque.

de constitution que le régime militaire. L'ennemi a cédé aujourd'hui, demain ne sera-t-il pas plus heureux? Vous êtes le maître, vous usez du droit de la guerre; à son tour il peut en user!

Que l'on se réjouisse de ses succès sur l'étranger, les mœurs ne nous sont point communes : là ne sont point les cendres des aïeux. Mais porter le fer sur le cœur de son frère et s'applaudir, qui l'oserait? Il faut vaincre, sans doute; si l'on cède au dehors, l'on succombe de honte; mais si au dedans l'on verse le sang, le pied glisse sur sa trace.

XLVIII. — Mont Saint-Michel.

Bientôt la loi prononce sur les débris des partis vaincus, et ceux que le glaive a épargnés, sous un délit commun, vont partager la même fortune. Traînés d'une prison dans une autre, de Sainte-Pélagie au mont Saint-Michel, ils connaîtront le degré de misère où ils sont arrivés ; ils sont condamnés, et ils n'ignorent plus que l'homme dit toujours malheur aux vaincus ; mais savent-ils à quel point elle leur dit malheur ? Isolés de la terre sur un rocher stérile d'où s'aperçoit la mer et ses écueils, ils se consoleront parfois peut-être. A leurs yeux les mouvemens de l'onde sera l'agitation de la société ; ils espéreront. La tempête s'apaisera : tout se calme, hors l'inflexible justice humaine ; ils seront là en attendant qu'ils aient acquitté jusqu'à la dernière heure : le temps s'écoule bien lentement !

N'est-ce donc pas assez de la captivité ? pourquoi y ajouter encore ces souffrances morales plus cruelles que la douleur ? Nous nous attendrissons sur le sort de l'étranger que la verge pousse vers d'affreux climats : trouvons aussi des regrets pour le Français qui se dirige vers le mont Saint-Michel. L'on choisit pour séjour à ces malheureux des lieux d'une nature effrayante, des rocs, des déserts, la perspective de la mer et de ses naufrages ; on les sépare de tout ce qui a vie. Pourquoi ne point les recueillir plutôt avec la paix sous un ciel riant, sur une terre fertile ?

L'homme vil qui ne connaît point les lois de l'honneur sera traité moins rudement dans son bagne ; il importe peu à l'état qu'il en sorte lorsque sa tâche sera fournie. Mais le détenu politique, mourant à chaque instant du jour, quand verra-t-il se terminer la sienne ? Après que l'énergie de son ame et de ses convictions se sera affaiblie, entré quelquefois dans ces cachots avec les plus brillantes facultés de l'homme, il en sortira consumé par les souffrances, flétri dans son intelligence : l'on dirait qu'il n'a vécu jusqu'alors que pour aller reposer dans la tombe auprès des siens.

XLIX.

Il en fut si long-temps séparé, et il tend à se réunir à eux. Ce sera donc en attendant le jour du réveil sur la terre de la patrie, où il a rencontré tant d'amères douleurs ; il n'a cessé de poursuivre le repos, le calme des pensées, ne vous étonnez plus si une femme vient chercher sur le sol de la France ou une tombe ou une couronne. Cachée sous la bure, elle vivra du pain grossier du berger, du lait de ses troupeaux. Un jour ne lui suffira point ! si du moins les années lui ramènent son fils avec le diadème. Lorsque de la chaumière elle ira à la chapelle solitaire implorer le retour, l'œil saurait-il reconnaître Madame ?

Elle a revu ces lieux arrosés du sang des héros, la terre des martyrs ; ce petit coin de terre qui avait retenu son Dieu pourrait bien protéger ses rois ; et multipliant ses forces elle faisait concourir tout le midi à ses desseins. Ne lui faut-il que du courage ? il y en a dans ce faible corps ; de l'enthousiasme ? elle est mère. Que lui parlez-vous du nombre de ses ennemis ? les soldats qui suivront sa trace se rangeront sous ses drapeaux, et cependant sa vie sera confiée à la vigilance de quelques paysans ; dans ces cœurs il y a encore de la vertu et de la loyauté, car la devise du chevalier trouva de l'écho dans la poitrine du Vendéen. L'Europe qui admira son intrépidité au milieu des alarmes, s'étonna de son dévouement après la défaite ; elle vit des laboureurs qui refusèrent d'échanger leur pain noir et leurs travaux pour le repos et l'abondance; ils vécurent à la sueur de leur front, parce que la fidélité ne s'arrache point de leurs ames.

Aussi lorsqu'arriva la journée où Madame fut arrêtée, dans le silence de l'étonnement ces hommes se demandèrent : Si donc l'honneur se vendait au poids de l'or, et si cet or tombait en des mains françaises. Ils avaient cessé de voir la noble captive dont ils redisent dans les chaumières le courage et la bienveillance.

L. — Suite.

L'activité de Madame s'était exercée soit à former des projets, soit à échapper aux périls, ou à embraser les braves de son énergie. Cette vie convenait à sa grande ame... Mais tout à coup à cette agitation succède un calme profond : elle ne verra plus le hardi vendéen épiant les lieux et se frayant un passage. Au lieu du bâton noueux et du fusil de chasse, elle a sous les yeux l'effrayant uniforme et des couleurs ennemies : désormais elle est prisonnière.

D'où vient ce mouvement le long du rivage ? pourquoi ce vaisseau appareille-t-il ? La fille des rois ne saurait rester captive aux lieux où régnait Anne de Bretagne. Un bateau à vapeur se hâte de la transporter dans une forteresse dont les armes et les flots protégeront les murs. Comme elle voudrait alors de ces nuits sans sommeil, et le cri sinistre de la sentinelle, et le manteau en guise de chevet !

Elle est seule ! et ses pensées se perdent dans le passé dont le souvenir l'afflige, et l'avenir qui est si voilé. Elle est seule ! jamais elle ne le fut dans ses palais : les flatteurs ne se retirèrent qu'au jour où céda la prospérité. Elle est seule ! et au lieu de cette intrépidité qu'elle déployait dans le péril, son ame doit se fortifier d'une patience de courage qui renaisse à chaque instant, et dont ces tristes murs seront les seuls témoins.

Toutefois l'échafaud ne se dressa point pour l'accueillir. Que d'hommes se seraient précipités dans la lice pour défendre une si noble tête ? Loin d'eux un tel triomphe : le fort retient la captive.

LI.

Cependant, le vaisseau qui devait transporter madame la duchesse de Berri, a paru sous les murs de Blaye. Vient-il mettre un terme à une si rude captivité?... Déjà les barrières se sont ouvertes : les soldats, debout sous les armes, assistent au départ de la fille des rois. Elle est descendue... Retrouvera-t-elle ce courage qui l'animait, lorsque, pour la première fois, elle toucha le seuil? Alors, la fierté sur le front, elle s'était rendue comme le guerrier que l'adversité a trahi. Aujourd'hui, sous le poids de cruelles douleurs, elle va s'éloigner. Après avoir rêvé un avenir brillant, le rétablissement d'un trône, elle a rencontré les espions, le fort de Blaye!

Cependant les ondes la portaient avec rapidité vers une terre qui lui était devenue étrangère. Naples n'était plus son pays. La patrie est où nous avons joui, où nous sommes malheureux : ce n'est point le plaisir seulement qui nous attache au sol. Aussi, même à l'instant où elle est reçue chez un peuple ami, aux lieux de sa naissance, elle songe qu'elle est seule étrangère. Et aux cris de vive Madame, répétés sur les rivages et les bords du vaisseau. Adieu, dit-elle, adieu, Français... Nous nous reverrons... sur le sol de la patrie heureuse et paisible. — Noble proscrite, qu'oses-tu dire?—Je nourris cette espérance: les lois ne banniront point toujours.—Et alors, regardant pour la dernière fois et le vaisseau et les passagers qui s'éloignent, elle salue encore la France : et sur la mer et le rivage s'allient noblement cet adieu de madame la duchesse de Berri et les vœux qui s'élèvent en présence d'une si grande infortune.

LII

A l'heure où nos regrets suivaient tant d'héroïsme, où une princesse versait des larmes sur son exil et sur des malheurs, le peuple se laissait entraîner aux idées conçues il y a plus d'un demi-siècle. Le fruit de leur développement avait produit une révolution qui conduisit Louis XVI à l'échafaud.

Alors une puissance nouvelle s'éleva, qui, brisant ses entraves, ne cessa de grandir le poignard à la main. Mais comme la force se déplace, que les partis succèdent aux partis, l'argent souleva en sa faveur les masses qui s'inclinèrent devant une royauté dont le diadème ne s'est point brisé. Mais aujourd'hui les populations, menacées d'en être débordées, lui ont opposé une effrayante immobilité. Ce ne sont plus des réunions secrètes qui se forment, c'est à la face du soleil que se prépare la résistance.

Si le monopole pèse à tous les esprits; s'ils s'indignent à la vue de la centralisation qui dure, des immunités des provinces qui se perdent à travers les cris des spéculateurs de bourse, pense-t-on que la tyrannie de l'argent qui achète les volontés, enchaîne les suffrages, ne soit point devenu odieuse?

Rassurez-vous toutefois : ce n'est point votre or que ces hommes ambitionnent. Ils demandent à n'être point renvoyés de vos ateliers. N'est-ce point au moyen de leurs bras que vous avez acquis tant d'opulence? Leurs mains ont versé les trésors dans vos maisons, et leurs maisons restent vides de biens : on n'y rencontre que la pâle misère. Et ils expiraient eux-mêmes à la porte de leurs ateliers fermés! L'homme qui consent à s'enrichir des labeurs de ses semblables, ne paraît-il point promettre, sur sa fortune, qu'ils ne manqueront jamais de pain? Aussi, dans les villes belles de leurs manufactures, une rixe devenait inévitable : et par là se trouvait compromise la destinée de nos plus importantes places de commerce.

LIII. — Suite.

Il faudra donc nourrir les ouvriers lorsque s'anéantit le commerce! — Il faudra donc qu'ils meurent de faim lorsque autour d'eux tout abonde! Imprudens qui leur avez montré que les ateliers se fermaient quelquefois pour des opinions politiques : penseront-ils aujourd'hui que la nécessité entraîne cette rigoureuse mesure ? Les armes décideront de la justice des deux partis. Seront-ils victorieux ? La ville est à eux et à leur discrétion. Vaincus, que risquent-ils ? La mort ? elle sera moins cruelle que cette lente agonie de la faim. Leur crime est d'avoir allumé un incendie qui pouvait consumer ses vastes magasins : et le vôtre est de jouir à leurs yeux lorsqu'ils sont dans le dénuement !

Lyon fut pris et vécut en paix sous leur sauvegarde. Ils gémissent aujourd'hui dans les prisons. Maîtres quelques jours, ils ne touchèrent ni aux vies, ni aux propriétés. Alors quel espoir fut dans leurs ames ? Ignoraient-ils que si l'individu applaudissait à leur générosité, la loi ne saurait trop promptement flétrir. Expirez donc, pauvres ouvriers, loin des palais du riche : laissez-le s'applaudir de son abondance. Il n'a plus que faire de vous !

Oh ! la cruelle justice des hommes qui ne cesseront de sacrifier à la prospérité, parfois d'un petit nombre. Si l'industrie a besoin de pain, les prisons s'élargiront : elles manqueront bientôt à la multitude des détenus. Peut-être même se dresseront les échafauds. Faudra-t-il encore la bénir ?

LIV. — Le Serment.

Toujours bénir! et à une époque où change la marche politique, où s'éloignent les institutions de nos pères, où la main de l'homme n'attend plus le temps pour détruire, nos yeux distinguent encore des lois qui sont devenues funestes. Celui-ci ne se refuse point à servir la patrie de sa voix et de ses conseils, comme son bras s'armerait contre l'ennemi; mais entre lui et la patrie s'élève le serment. La moralité de cet acte est sacrée pour de tels hommes. — Faudra-t-il donc que la délicatesse les éloigne; et que d'autres jouissent de leurs droits?

Il fut chez les anciens un peuple que la défaite abrutit parce qu'elle le dépouilla. Aujourd'hui l'homme peut être vaincu; mais sa force n'est point anéantie. La force triomphe tôt ou tard : aussi l'ilotisme n'est plus possible.

Toutefois, si ces temps ne reparaissent plus, ce n'est point la faute des hommes. Le puissant conserve toujours au fond de son cœur des pensées d'avilissement. Par pudeur il les déguise...

Pourquoi si le serment n'est plus un lien à vos yeux, ne cherchez-vous point à en délier les provinces? Songez à ce qu'il est au milieu d'elles, et reconnaissez que si elles étaient animées de votre esprit, l'importance du serment ne serait plus.

Vous l'exigez : elles doivent le prêter. Si d'autres le demandent, où seront leurs promesses?

Un seul homme serait-il ainsi affecté, qu'il faudrait avoir égard à ses réclamations? Ses droits sont inaliénables. Ces temps reviendraient-ils où la conscience fut mise hors de la loi?

Mais le serment éloigne des hommes dont la loyauté s'offense de l'ombre du parjure, et l'on applaudit! Repoussés, ils se retirent, ils se réservent à venir lorsque sonnera l'heure du danger... et cette heure sonne chaque jour! Ils l'ignorent; et les ruines s'entassent, et l'intrigue exerce son dur empire sur le sol de la patrie.

LV.

L'intrigue régnait aussi lorsque les prétoriens, après avoir épuisé les largesses d'un empereur le massacraient et mettaient le trône à l'encan : l'histoire moderne est là tout entière.

Sur les débris d'un empire et d'un vieux trône la France appela une dynastie nouvelle, et après six années des voix sont venues à nous qui disaient : Plus de sceptres, et s'il se trouve des têtes de rois sur le passage, l'homme tentera de les abattre. — De sa main il plaça cette couronne : N'importe, vous dira-t-il, le pacte est rompu ; les promesses s'oublient lorsque l'on est retranché derrière des satellites. Que vous promit-on? la nationalité de la Pologne? mais à ce prix la guerre menaçait. — L'indépendance de la presse ? Mais la presse fut redoutable, et elle cherche à tuer une nouvelle monarchie. N'est-ce point au pouvoir de prévenir tant de destruction ? Il avait promis le calme, prévoyait-il les efforts de la Vendée, les barricades à Paris? Songeait-il que les forts détachés, que les lois sur les associations importeraient au repos de la France ? Au jour où la force triompha, le sceptre lui fut remis, et lui croit que ce sceptre doit être de fer, et que dès l'instant où il viendra échouer contre l'audace des partis ou la fierté de l'étranger, sa puissance passera à d'autres mains.

LVI. — Suite.

Aujourd'hui même vous voulez jouir de vos libertés ; il fallait donc jouir lorsque la patrie était florissante. Et maintenant qu'elle consume ses forces, vous accusez... N'accusez que vous si l'on touche à l'ordre social, si le pouvoir qui le représenta n'est plus ; il faut reconstituer des lois, des mœurs nouvelles. Pensiez-vous donner aux esprits une si rapide direction ? Le pouvoir ne put suffire aux exigences : il ne le peut aujourd'hui : dès lors il devient à son tour tyranique. Si pour faire oublier qu'il fut nouvellement élu, il ne place des rois sur les trônes de l'Europe, ils murmureront. Il fut choisi, était-ce pour le soumetre au caprice de chaque électeur, et abaisser ainsi la majesté royale ? Dans leur pensée, elle dut être moins une puissance qu'un titre d'honneur : et du jour où le pouvoir s'écarta de cette voie, notre esprit conçut aisément une grande séparation. Il lui fallut s'avancer entre l'ancienne opposition et la nouvelle, d'autant plus dangereuse que l'intérêt, une ambition déçue l'avaient peut-être formée. Les esprits s'exaspérèrent, la haine éclata, et l'on arriva à ce procès où parut comme coupable l'un des membres de la Chambre législative : l'exil volontaire le délivra de la prison.

Pareille est aujourd'hui sa destinée à celle des défenseurs de la restauration. Après avoir lutté eux pour les rois, lui pour la république, ils attendent que la garde sévère ouvre les cachots, et que le Français n'ait d'autre asile que la patrie.

LVII.

Ce temps est-il éloigné? C'est encore un des secrets de la Providence. Toutefois, s'il faut en croire le passé, ce triste avenir aura-t-il jamais de bornes? Pour moi, je ne sais; mais le lendemain amène de si étranges événemens que la pensée même en est confondue. Elle songe à ces bannissemens divers et à cette abdication inattendue qui porte rapidement au trône le fils du duc de Berri. Et maintenant, lorsqu'il est arrivé à la majorité, il se trouve retenu sur une terre étrangère; il habite encore des palais, mais ces palais ne lui appartiennent point; il n'a point la douce jouissance de dire : Ceci est à moi; et tandis que le pauvre se met à l'abri où se mettait à l'abri son père, qu'il recueille le grain où les siens le recueillirent, le séjour de ce jeune prince est à la merci de tous les peuples. S'il voit la pourpre de près, il se dit : La pourpre me fut destinée par la naissance : j'ai atteint l'âge de la majorité des rois de France, et je suis loin de ma patrie... exilé.

Sa majorité s'est accomplie inaperçue. Quel intérêt protège un banni dont la couronne s'est brisée? Entre le trône et lui se trouve un nom qui ne lui est pas étranger. Une loi le repousse de la France. L'exil peut donc frapper les rois... et sa vue trouble leur sommeil. Si des luttes leur étaient ainsi réservées! iraient-ils au milieu du sang et des morts disputer leur manteau? Ne sont-ils point épouvantés de ce bruit d'armes, de ces cris qui retentissent en Europe? Sauraient-ils suivre la trace du magnanime Charles V? Henri comprend ce qu'il y a de grand dans une telle vie; il applaudit à son intrépidité, et pourtant il n'ose désirer d'un tel bonheur. Il sait qu'un peu de repos ne lui sera point donné sur le sol de la patrie, si la patrie est heureuse.

LVIII.

Le passé l'a instruit : le jeune prince n'ignore point que le jour même où l'homme crut avoir dépouillé de tout appui moral une captive qui lui donna le jour, l'un des grands écrivains de l'époque fut cité devant le jury. Monsieur de Châteaubriand fut appelé à rendre compte de sa vie pour avoir obéi à l'honneur : déjà l'Europe avait applaudi à son courage ; ses ennemis seuls se tinrent dans le silence.

Mais dans l'ombre se préparait une trame où le noble écrivain se trouverait enlacé. Ainsi pensaient-ils ; et ils oubliaient que l'ascendant d'un génie supérieur est toujours une puissance La captivité leur répondrait de ses sarcasmes, de son mépris insultant. Le présent les vengerait. Peu leur importait l'avenir où tant de gloire, où un nom si illustre trouveraient un refuge. Aux assises, il serait décidé si de Châteaubriand serait libre. Il le fut sous l'empire : les chaînes mêmes du soldat ne l'atteignirent point lorsqu'il flétrit une nuit à Vincennes. Cette vie depuis long-temps publique sera donc mise sous le secret !

Ce n'était point là ce que nous avions à craindre pour M. de Châteaubriand : son front ne devait s'incliner que sous le temps ou les lauriers. L'on allait dire au noble accusé : Vous êtes innocent de tout crime. Qu'avait-il tenté pour s'asseoir parmi des coupables? A-t-il invoqué l'étranger? De toute la force de sa pensée n'a-t-il point repoussé l'invasion?... Son génie a préféré l'indépendance à la servitude dorée.

Et le juri respecte une si magnanime résolution qui ne fit jamais de l'écrivain l'homme de la fortune : à M. de Châteaubriand il sera donné de finir comme il a commencé.

LIX. — Ordre de Saint Louis.

Qui n'admirerait avec lui lorsque l'on songe à ce passé, à cette marche constante et si heureusement suivie de fonder une vaste monarchie. Nous serait-il donné d'effacer de nos souvenirs la gloire de Louis XIV. Son génie abaissa tout ce qui fut en dehors de la royauté; mais il n'avilit point : il y avait trop de grandeur dans son ame !

Les grands et les seigneurs avaient cessé d'être redoutables; mais leur fierté consentirait-elle jamais à descendre? Ils ne songeaient point que tout nom commence, et que le premier d'une race en fut peut-être le plus illustre.

Ainsi l'unité n'existait point : il fallait donc s'emparer de toutes les opinions du peuple et de la noblesse et montrer à chacun l'illustration comme un but unique. L'on saurait désormais que pour être quelque chose, il ne suffirait plus de la naissance, et que tout citoyen peut grandir qui sert bien son pays.

Pour opérer ce changement dans les esprits et unir ses sujets sous un même lien, Louis conçut une institution qui sous les auspices de la gloire devait distinguer l'homme d'honneur, et établit l'ordre connu sous son nom.

Les Français enrôlés sous la même bannière, fiers de l'image du prince qu'ils porteront sur la poitrine, s'accorderont de l'estime, et à mesure les corps s'abaisseront, les individus s'élèveront, la royauté dominera, et les honneurs deviendront le patrimoine de chacun.

Il fallait porter ses vues bien haut pour rompre ainsi tout le passé et rajeunir un peuple par le beau mobile de la gloire; or tel fut le dessein qu'exécuta le génie de Louis, et sa monarchie fut puissante parce les seigneurs comprirent qu'ils étaient sujets, et le peuple que le sentiment de l'honneur ennoblissait l'homme.

Ainsi ce prince, en développant le vaste système de Louis XI et de Richelieu, avait imposé une seule autorité. Mais sa volonté fière pensait-elle que bientôt cette monarchie serait traînée devant le peuple pour y rendre ses comptes? Son génie prévoyait-il que la destinée de cette institution serait de changer les idées en attendant qu'un homme nouveau, habile à faire plier le peuple sous son ambition, osât lui substituer sa pensée, et remplacer l'ordre de saint Louis par celui de la Légion-d'Honneur.

Si l'institution de Bonaparte paraît plus conforme à notre époque, celle de Louis n'est pas moins digne de celui qui l'a formée, et à ce prix elle mérite bien le respect de notre siècle.

LX. — Alger.

Louis XIV, qui avait osé de grandes choses légua sa pensée à ses descendans; aussi, à leur retour, après la tempête, ils enrichirent d'Alger la France dépouillée de ses possessions. Les haines des partis ne purent retarder le départ de la flotte; ils prévoyaient les résultats d'une telle conquête... Quelques jours après les flots avaient déposé le pouvoir sur la terre d'exil!

Celui qui avait présidé à la conquête n'était plus; ses grandes vues s'étaient anéanties au milieu de nos déchiremens, et la prospérité de la colonie se ressentit de notre prospérité. « Elle n'amena que des charges » et l'on délibéra s'il ne faudrait point l'abandonner. Avec quel plaisir d'autres peuples se seraient campés dans ces lieux que le glaive emporta, et dont la prise vengea l'honneur national! Le drapeau blanc flotta sur ses tours où naguère s'élevait le croissant, et le canon français tonna sur la Méditerranée pour annoncer la délivrance des mers. Le prix de l'honneur fournirait à de pauvres familles un coin de terre à défricher, un abri à leur misère, et la patrie serait soulagée d'autant d'infortunes. Un jour si la guerre s'élevait, Alger donnerait des marins à nos flottes, et à la France un débouché que les traités ne sauraient nous ravir.

Telle fut la pensée de la restauration qui compta assez sur ses forces pour exécuter ce que Louis XIV et l'empire n'avaient osé. Le dey fut humilié, la France agrandie; et au moment où le vaincu s'acheminait vers l'exil, la puissance du vainqueur fut brisée. Il se dit avec un noble orgueil : Si ma couronne est dispersée, si elle n'arrive point intacte à mes enfans, la France du moins n'aura pas à rougir de ses débris.

LXI. — Suite.

« Lorsqu'il fut délibéré si la France conserverait Alger, que n'appela-t-on un soldat au milieu de ses conseils? Il eût montré qu'une conduite molle entraîne toujours de nouvelles pertes. Il en coûte pour conserver une telle conquête : ne comptez point, aurait-il dit, le sang de vos braves. Si vous vous fiez à leur sabre, ils y resteront. Une vie dure, des combats renaissans ne les effraient point. Se concilier l'Arabe à force de courage, désespérer l'Anglais, tel est le plan de la campagne. A eux les périls, aux autres quelques sacrifices : ceux-là du moins ne seront point indignes de la France.

Que penserait l'Europe, si nous reculions, ajouterait ce brave qui aurait assisté à la conquête? Il ne manquerait plus à notre honte que de conduire nous-mêmes le vaincu à Alger, ou la céder à l'Anglais, désavouer le passé, la victoire, et apprendre aux nations que l'on peut manquer à notre dignité. Céder... Ce mot est dur. Il le fut en 1830. Alors le drapeau blanc flottait; une ancienne famille croyait s'enraciner au sol par la victoire; elle ne céda point. Alger fut à nous. Un nouveau nom est sur le trône : il lui faut des victoires pour s'y affermir. Elle ne cédera point : derrière ses pas se trouve un abîme. Alger désormais sera libre devenu colonie française.

LXII. — ÉMANCIPATION.

Sous l'influence de notre nation, la civilisation s'étendra rapidement dans ce pays, où donnait la loi le cimeterre du dey; tandis que d'un autre côté, s'il s'agit du nègre de nos colonies, de son amélioration morale, l'on se hâte de passer outre, l'abandonnant à sa destinée. Nos oreilles françaises délicates ne sont point attendries, si elles ne sont déchirées par les cris de la victime. Craindrait-on de s'arrêter à l'infortune des hommes de couleur; ou ne touchera-t-elle qu'à l'instant où l'émancipation sera devenue possible? Toutefois, si jusque-là nous détournons les yeux, à quelle époque le sera-t-elle?

Vous tendez à faire des hommes de ces misérables nègres qui ne connaissent de la vie que les rigueurs. Vous attendez... attendez donc que les maîtres se dépouillent de l'avidité, et leur inspirent les vertus sociales. A ce prix, ils ne seront jamais les citoyens d'aucun pays, jamais sentiment noble n'agira sur ces ames.

Ils furent achetés? Pourquoi se priverait-on d'un gain immense? Ils sont hommes! S'ils le deviennent et qu'en coûte-t-il de perpétuer leur vie animale? accordez-leur peu de repos, quelques grossiers alimens, pressez-les au travail de la brute, et ils seront ce qu'ils furent, vindicatifs et barbares.

L'esclave devenu plus fort égorge le maître. Cela vous révolte : je le conçois. Du moins, il ne le dégrade point : il se venge. Lui avons-nous appris autre chose?

Ils sont dépourvus d'intelligence. Est-ce que l'intelligence se développe au sein de la plus affreuse tyrannie, lorsqu'il faut se taire, que la verge déchire, que les pas sont arrosés de sang?

Il importera peu maintenant que le maître soit doux et humain : le nègre doit être dur et sauvage, puisque ses facultés humaines sont délaissées; et qu'au vice originel est venu se joindre le vice des hommes. Leurs maîtres sont doux comme l'homme envers l'animal qui fournit sa tâche. L'esclave baisera sa trace, le frappera du poignard : il n'est que le nègre de vos colonies.

Si leurs bras sont la fortune des colons, la mère-patrie compensera ces pertes. D'ailleurs, je le demande, n'est-ce point assez de quelques années d'une si pénible vie pour payer ce qu'ils ont coûté? je ne dis point ce qu'ils valent : vous les estimez à leurs forces; nous, à leur intelligence, et la France à ce qu'ils peuvent pour la prospérité de ses colonies.

LXIII.

De tels événemens s'accomplissent depuis six années : ils continuent à s'accomplir. Alors nous rêvions la gloire, des prospérités ; et nos vœux se bornent aujourd'hui à désirer qu'il n'arrive point de plus grands maux. Funeste prévision qui tourmente : car la pensée va toujours au-delà. Rarement vous la saisissez à l'instant où vous êtes : elle devance dans l'avenir. Durant la prospérité ses rêves sont du bonheur. Elle ne les évite point. Elle est heureuse. Un rêve, une illusion, peu lui importe ; elle verra peut-être arriver à souhait toutes ses espérances.

L'homme est-il dans l'infortune ? Il détourne la tête devant l'avenir. A quoi bon prévoir ? Il craint toutes ses pensées. Ce qui n'était qu'une effrayante vision deviendra bientôt de la réalité. La nuit un génie malfaisant est auprès de lui qui lui inspire des malheurs. Il les lui dévoile. Eh ! n'est-ce pas assez ? Si quelquefois il lui fait espérer, c'est pour lui montrer que l'espérance est cruelle, que le cœur fatigué qui l'implore goûterait plus de repos de ne l'avoir jamais implorée.

LXIV.

Pour nous, qu'irions-nous demander si elle se joue même du bonheur? de ne plus espérer? Il est dur de ne rien attendre de ceux qui parlent la même langue, qui sont doués des mêmes facultés. Le passé nous indique d'ailleurs quelle espérance est permise. — Qu'ai-je dit? le passé! il nous rappelle le souvenir de ces hommes qui faisaient tout concourir au bien de l'état. L'état, c'était l'ensemble des individus avec le pouvoir. Ainsi peu importait l'existence de chacun. Grands ou petits, ils pliaient leur volonté aux volontés générales; pour l'état, ils osaient de grandes choses, et la gloire revenait à eux. Le trésor pour eux ne s'épuisait point, ne fournissant jamais à leurs plaisirs. Leur plaisir consistait à poursuivre la prospérité de la patrie, et à l'acheter aux prix même de leur sang.

Loin de là aujourd'hui : l'homme ne songe qu'à son bien-être. L'état, c'est lui, dira-t-il dans sa bassesse; et le voilà qui sacrifie tout : il s'élève au gré de ses désirs; et si pour grandir il lui faut des ruines, sa main entassera les ruines : l'état, c'est lui.

Tu mens, homme imprudent! l'état n'a point de tes pensées : son existence les repousse; or, à ce titre seulement, tu pourrais dire : « L'état, c'est moi. »

LXV.

Ainsi nous afflige le souvenir du passé, lorsque nous songeons à ce qui est. — Pourquoi ces haines entre des frères? — Nous habitons sur le même sol. Pourquoi soulever la poussière qui nous dérobe la vue de notre frère? Réjouissons-nous plutôt avec lui si le bonheur l'accompagne. Le sien deviendra le nôtre : le nôtre à son tour cessera de lui être étranger. Partagé, il nous sera plus doux. Nous serons unis contre l'ennemi : nous serons forts. Les lois perdront de leur rigueur, le poignard s'émoussera. Le vaincu sans haine paraîtra auprès du vainqueur : il n'aura point à gémir de la victoire trop souvent cruelle. Il ne songera point à ce qui lui est dû. Celui qui fut son ennemi y veillera. La prison ne sera plus destinée qu'au coupable, et l'exil à l'homme sans honneur. Le pouvoir s'affermira ; et la France, sûre de ses forces, croira renaître à ses beaux jours : elle sera florissante.

LXVI.

La France fut florissante. Oh ! pourquoi la prospérité se retire-t-elle si vite des états ? Les révolutions seraient-elles à ce point funestes à leurs progrès ? Si elles élèvent pour la vertu, elles endurcissent aussi pour le vice : et de là ces héros et ces monstres.

Nous admirons l'énergie : admirons-la si elle fait le fond de notre être, si elle nous est naturelle ; mais plaignons l'homme dans le cœur duquel elle provient de l'inquiétude. Il est entraîné loin de sa sphère : il faut des changemens à son ame avide ; sa main se rapprochera du pouvoir, essayant de surprendre ce fruit qui devient un fruit de mort pour les peuples. Les forces de l'état qui devaient se porter au dehors se concentrent à l'intérieur. Elles se consument à réprimer les partis. Bientôt les armées seront aussi nombreuses que si la guerre menaçait : elles traverseront le royaume comme autrefois les champs de bataille. La dette augmentera, et la fortune publique éprouvera le même sort que la fortune des particuliers : elles croissent et décroissent ensemble. Les camps seront disposés non sur les frontières, mais au sein même de la patrie pour marcher contre des citoyens. A ces désordres se joignent parfois la hideuse banqueroute, l'intervention étrangère, qui flétrissent les états en les dépouillant de leur vie politique.

LXVII.

Une révolution n'amène point toujours de si tristes résultats : il suffit qu'elle puisse les amener pour que l'homme la repousse de tous ses efforts. Si l'or dont il a l'espoir de se gorger lui en déguisait l'horreur, les remords qui déchirent lui feraient expier ces délices insultantes à la douleur publique. La patrie va descendre dans l'opinion des peuples, et la joie vous serait permise! les assises sont assiégées : vous pouvez entendre au sortir de là les plaintes des femmes et des enfans. Les cachots se sont ouverts : ils ont saisi de nouvelles victimes : ils n'ont point relâché les premières, qui depuis six ans y languissent, fermes et immobiles contre la souffrance. Ces hommes ont promis de lutter sans relâche contre l'ennemi qui s'acharne à eux : et leurs promesses se sont réalisées au delà de leurs espérances. Pensaient-ils qu'elles se prolongeraient jusqu'à la sixième année, menacés d'en parcourir de nouvelles encore. Ils sont là, parce que leurs tentatives pour le bien les trompèrent. Leurs convictions furent poursuivies, qui devinrent des crimes politiques. Serait-il vrai que toute foi sociale serait ainsi éteinte dans nos ames? Leur foi à eux fut la monarchie, mais grande, mais dégagée dans sa marche de l'entrave des partis. Ces partis, la presse les souleva : ils attaquèrent la presse. L'avenir a justifié leurs vues, et les vaincus restent encore dans leurs cachots.

LXVIII.

Des verrous, des murailles épaisses les séparent de leurs affections, car le geôlier ne cesse point de leur montrer un visage sévère; soit qu'au dehors le malheur ajoute à leurs infortunes, soit que la maladie, soit qu'un coup imprévu, frappent ceux qu'ils chérissent. Jamais, depuis six ans, la prison s'est-elle relâchée sur un délit politique? Ils expient aujourd'hui leur passage au pouvoir. Alors ils furent grands dans leurs pensées. Déchus ils le seront. Leur douleur n'a point assiégé les pas de leurs ennemis. Pas un cri ne sera entendu. Qu'ils le profèrent, ils seront rendus à la liberté. Écoutez : Point de grâce, vous diront ils, « justice. » Justice! c'est la seule parole qui sortira de ces ames de fer.

Au pouvoir, ils suppliaient en faveur de l'infortune; à leur tour ils ne repoussent point l'intérêt. L'admiration viendra s'y mêler; dans ce cachot vous entendîtes d'abord le silence, parfois interrompu par le bruit aigu du verrou. Alors c'était le temps des passions populaires. La contenance des prisonniers fut calme : elle est calme encore aujourd'hui : mais les haines s'étant apaisées, ils ont dit : **Justice!**

Ne vous étonnez donc point si la résignation des leurs est grande; si la fille d'un prince, élevée dans l'abondance, ne désire à son heure dernière que la bénédiction de son père. La bénédiction d'un père ne lui sera point donnée : il est prisonnier d'état! et sa noble épouse, peu éloignée du château dont les lambris ne sont point dorés, attend : elle demande l'heure qui lui donnera de voir celui qui souffre sans se plaindre.

Ils sont dans un cachot depuis six années : ils ont eu le courage de vivre : ils le conservent encore. Pensez-vous qu'il faille de l'énergie, de cette énergie qui renaît à chaque instant, plus difficile à obtenir que celle des héros? Qu'attendre de tels hommes? La force de mourir avec dignité comme ils ont vécu! la force de tracer auparavant de ces pensées qui ne s'effacent point.

LXIX.

Depuis que, dans ce cachot, de cruelles infirmités les déchirent, les hommes se sont renouvelés autour du pouvoir, et parmi eux une parole de bienveillance s'est fait entendre. Là se trouvent rarement les ames magnanimes. L'éclat de l'or, la séduction du pouvoir éblouissent, dit-on, les yeux même du sage ; le peuple prit donc l'initiative, car lui n'a pas à craindre la faveur ou la défaveur. Sa vengeance est quelquefois terrible, quelquefois basse : elle s'est montrée généreuse. Elle s'est lassée de ce que d'autres appelaient justice, et son regard s'est tourné sur de nobles infortunes. Il a demandé justice ; il a poussé les siens, et l'amnistie a été proposée. Mais elle a été rejetée ; et des hommes se sont retirés du pouvoir pour n'avoir pu mettre un terme à des lois aussi dures... L'amnistie a été rejetée : serait-ce parce que les prisonniers n'ont point consenti à s'abaisser ? L'intérêt qu'ils soulèvent redoublerait à ce point les rigueurs de la captivité. Triste destinée de ceux qui souffrent : on leur a envié le passé, on leur a envie le présent. Qu'ils s'humilient : les vœux sur eux seront accomplis. Rendus aux leurs, ou à ceux qui restent, jouissant de la liberté, ils seront où ont vécu leurs pères. Cependant leurs pas se portent encore aux portes d'un cachot, leurs droits à n'être point tourmentés pour des opinions qui ne sont point leurs opinions, et leurs espérances à ne plus rien espérer de la justice humaine.

LXX.

Jeune, j'avais rêvé que le jour n'était pas éloigné où il serait donné à chacun de fouler le sol de la patrie. J'oubliais qu'à notre siècle, où tout échappe si vite, où le pouvoir est tombé à tant de mains, le retour d'un exilé exciterait de trop vifs souvenirs. Six années ont suffi pour dégager tout esprit d'une telle illusion. Le sang qui a coulé n'a point raffermi la terre sous nos pas. Toutefois j'étais loin de prévoir qu'il fût besoin de lois de mort. En fallait-il contre des exilés qui avaient porté la pourpre? Que les événemens qui les éloignent du territoire cessent, et les lois se retireront.

Pour ceux dont la liberté ne prépare point de haine, avions-nous pu nous persuader qu'il fallût ainsi les priver de leurs droits? Ils furent condamnés... Mais cette loi si dure aujourd'hui fut alors plutôt une grâce. Elle a cessé de l'être : justice peut leur être rendue impunément. La nation le désire.

Oh! si elle était consultée, si le procès était revu, quel homme se chargerait d'accuser? Se rencontrerait-il une seule voix pour les maudire? Non, mes rêves ne me trompent point. Leurs plus cruels ennemis, s'il en est après six ans, garderaient le silence. Et ce sentiment, il ne faudrait point l'attribuer à l'intérêt dû à tant de souffrances. Comme l'on écouterait avec ravissement ceux qui, de condamnés qu'ils étaient, viendraient de nouveau rendre compte à la nation! Il ne serait plus besoin d'éloquence pour arracher en leur faveur une sentence favorable. Le narré de leurs actions suffirait. Tous se demanderaient enfin comment si tard justice était rendue?

FIN.

IMPRIMERIE MAULDE ET RENOU,
RUE BAILLEUL, 9 ET 11.

www.ingramcontent.com/pod-product-compliance
Lightning Source LLC
Chambersburg PA
CBHW070300100426
42743CB00011B/2284